雅斯贝尔斯著作集

时代的精神处境

黄 藿 译

华东师范大学出版社
·上海·

图书在版编目（CIP）数据

时代的精神处境/（德）雅斯贝尔斯著；黄藿译．—上海：华东师范大学出版社，2022
（雅斯贝尔斯著作集）
ISBN 978 - 7 - 5760 - 2947 - 5

Ⅰ.①时… Ⅱ.①雅… ②黄… Ⅲ.①社会分析－德国－现代 Ⅳ.①D751.669

中国版本图书馆CIP数据核字(2022)第113802号

雅斯贝尔斯著作集
时代的精神处境

著　　者　（德）卡尔・雅斯贝尔斯
特约策划　李雪涛
译　　者　黄　藿
策划编辑　王　焰
责任编辑　朱华华
责任校对　王丽平
装帧设计　高　山　郝　钰

出版发行　华东师范大学出版社
社　　址　上海市中山北路3663号　邮编 200062
网　　址　www.ecnupress.com.cn
电　　话　021 - 60821666　行政传真 021 - 62572105
客服电话　021 - 62865537　门市(邮购)电话 021 - 62869887
地　　址　上海市中山北路3663号华东师范大学校内先锋路口
网　　店　http://hdsdcbs.tmall.com

印 刷 者　上海中华商务联合印刷有限公司
开　　本　890毫米×1240毫米　1/32
印　　张　7.625
插　　页　2
字　　数　170千字
版　　次　2022年11月第1版
印　　次　2025年3月第2次
书　　号　ISBN 978 - 7 - 5760 - 2947 - 5
定　　价　59.80元

出 版 人　王　焰

（如发现本版图书有印订质量问题，请寄回本社客服中心调换或电话021-62865537联系）

摄于1930年

汉译凡例

一、结构

本著作集每本译著的结构是一致的：除原书的翻译部分之外，书后附有"解说"、"索引"、"译后记"。"解说"主要对本书的主题、时代背景等进行说明；"译后记"主要对翻译的情况与问题进行交代。已出版的德文单行本大都没有索引，正在陆续出版的德文全集只有"人名索引"，中文版除"人名索引"外，增加了"事项索引"。

二、标题

雅斯贝尔斯德文原著的标题、标号颇为特殊，但目录基本可以体现他对某一研究的整体设计和他自己哲学思想的结构。在编辑过程中，采用以德文原版为准，同时参考英译本的处理方式。部分标号转换为符合汉语表达的形态。

三、注释

雅斯贝尔斯著作的德文原著，大部分使用的是尾注，也有部分著作用页下注。本书原文无注释，正文中仅有一个译者注，采用页下注形式，"解说"中的注释采用尾注形式。

四、专用名词、术语、人名

重要的专用名词、术语以及人名的翻译，可在"事项索引"、"人名索引"中查到。

目 录

绪 论……1
　第一节　时代意识的起源……4
　第二节　目前处境的起源……14
　第三节　一般的处境……20
　第四节　明白目前处境的方法……27

第一章　生活秩序的限制……29
　第一节　技术与工具——群众生活的决定因素……30
　第二节　群众统治……32
　　一、群众的特征……33
　　二、群众的重要性……35
　第三节　群众秩序与生活间的紧张……36
　　一、科技进步时代中的意识……40
　　二、体制的宰制力……44
　　三、领导阶层……47
　　四、家庭生活……51
　　五、生命的忧惧……54
　　六、工作乐趣的问题……56
　　七、体育运动……59
　第四节　稳定生活秩序的不可能……61

1

第五节　现代人的诡辩……64
　　　　一、群众的偶像化……66
　　　　二、委婉的语言与反叛的语言……67
　　　　三、优柔寡断的现代人……69
　　　　四、沦为手段的精神……71
　　第六节　目前生活秩序的危机……71

第二章　整体中的意志……77
　　第一节　国家……78
　　　　一、国家意识……79
　　　　二、战争与和平……86
　　　　三、政治活动影响的方法和范围……91
　　第二节　教育……94
　　　　一、教育的重要性……94
　　　　二、国家与教育……97
　　第三节　整体的不可理解性……99

第三章　精神的颓废及其可能性……105
　　第一节　教养……106
　　　　一、教养与古典宝库……107
　　　　二、教养水平的低落……108
　　　　三、历史的同化作用……111
　　　　四、新闻界……114
　　第二节　精神创造力……117
　　　　一、艺术……119
　　　　二、科学……124

三、哲学……129

第四章　现代人对人之存在的理解……135
　第一节　研究人的科学……140
　　一、社会学……140
　　二、心理学……142
　　三、人类学……144
　第二节　存在哲学……148

第五章　人的可能性……153
　第一节　无名力量……153
　　一、自由的曲解……154
　　二、诡辩者……156
　　三、有关时间是否实在的问题……159
　　四、当代的人……161
　　五、没有战线的斗争……164
　第二节　在当前的处境中保存自我……166
　　一、出世或入世……168
　　二、技术的宰制……170
　　三、历史性的入世行动……175
　　四、人性的高贵……178
　　五、团结……180
　　六、贵族与政治……182
　　七、伪装的高贵……183
　　八、哲学的生活……184
　　九、自我的处境……185

第三节　沉思的预测与积极的计划……188
　　一、沉思的预测……188
　　二、未来的情况……190
　　三、积极的计划……194

解说……199
人名索引……221
事项索引……225
译后记……231

绪　　论

有关时代处境的问题，一世纪多以来，已经变得愈来愈重要；而每一世代都尽力想要根据自己的看法，来解决这个问题。然而在早先的日子里，只有少数人对我们精神世界所面对的危险感到焦虑，自从第一次世界大战后，每一个人才明白这种危险的严重性。

这个主题不仅探索不完，而且也无法下定义，因为它随时因人们对它关注的行动而修正。过去的处境可以当作已经完成、已经闭幕、已经停止的存在；而相对地，目前的处境有一个令人振奋的特征，那就是对它进行反思，可以帮助决定它未来发展的方向。

每个人都知道，我们所生活的世界处境并不是终极的。

过去有这样的阶段：人们认为自己的世界是经久的、正在消失的黄金时代与当上帝的目标完成就会来临的世界末日中间的一段不变的过渡时代。当人发现这个问题时，他去适应生活，而不想改变现状。在公认实质不可改变的周围环境中,他的活动受限于努力改善他自己的境遇。在这样的环境中,有安全的避风港仿佛将他与天地连结起来。纵然无关紧要,世界成了他自己的世界,因为对他来说真实的存有只存在于一个超越的领域中。

　　与以前那些时代的人相比较,今天的人类可说是连根拔起;他们意识到自己不过存在于一个历史已被决定,而且在继续变动的处境中。这种处境,就仿佛存有的基础已经瓦解。一方面生活与知识的合一,现在对我们已经是显而易见的,但我们了解,过去的人是生活在真实遭到掩盖的一种情况下。另一方面,我们今天的人类已经能够了解事物的真相,而那也是生命的基础在我们脚下之所以动摇的原因;现在,思想与存有的同一性(迄今未受到挑战的),对我们已不再存在,我们只看到一方面的生命,以及另一方面,我们自己和同伴对那生命的意识。我们并不像我们的祖先一样,只想到世界。我们仔细思量世界要怎样才能被理解,怀疑每一阐释的真确性;而且在生命及对生命的意识每次表面统一之后,都隐现出真实世界和我们所知世界的区别。这就是我们何以生活在一种变动、一种流转和一种过程之中,通过这些变动的过程,不断改变的认知促成了生命的变化;反过来,不断变化的生命也促成了认知者意识的变化。这种变动、这种流转、这种过程将我们推进一个永不间断的征服与创造、失与得的旋涡之中,我们在这个旋涡中痛苦地打转,在茫茫大海中受到强劲潮流的冲击,然而却能时时在一个有限的影响范围下,尽自己的力量。因为我们不仅生活在人类一般固有的处境中,而且还体会到,这个处境在特定的历史环境中展现自身,从一个先前的处境蜕变出来,并朝向下一个处境迈进。

结果是我们对于变动(我们本身也是变动中的一个因素)的意识,具有一种奇特的两面态度。一方面由于这个世界,就我们目前所知,并不是一成不变的,我们的希望也不再寄托在超越界上,而已经落实到尘世的层次;它可以由我们自己的努力而改变,因此我们对于现世寻求圆满的可能性充满信心。另一方面,由于(甚至在顺利的情况下)个人所有的影响力过于有限,而且他必然会有这样的体认,即他努力的实际结果,多半要看当时周围整个情况而定,而与他设法想要实现的目标无关,由于他又因此深刻地觉察到,自己的影响力比起抽象认知的许多可能性来,范围要狭小得多,最后又由于世界的现况(没有人感到满意)似乎在各方面都不符合他的愿望——一种流行的无力感,人往往认为自己受事情的摆布,而原先他曾乐观地希望能走在事情的前面。一位坚信人在超越者(die Transzendenz)跟前一无所有的虔诚信徒,不会受事情变动的影响,变动是上帝意愿的结果,并不会与其他可想象的可能性相冲突。然而,今天那种以普遍理解为目标的骄傲,以及某种自认是世界主宰,并要依自己喜好来塑造世界的自大无知,正敲向每个人的心坎;但他们的挫折感却引起了一种可怕的无能为力感。人要怎样适应这种情况并克服它,是目前的处境中最重要的问题。

人不仅存在,而且知道他自己存在。他在完全的自觉中研究并改造世界,使之符合自己的目标。他已经学会如何干预"自然的因果关系",只要这种关系是不变的类似事物之无意识重复。他不仅像现存物一样可认知,而且他自身自由地决定什么应该存在。人就是精神,而人之为人的处境,就是他的精神处境。

一个人如果想要弄清楚目前的处境，就必须先探讨人们到现在为止的看法，目前的处境是如何形成的，处境一般的意义，它显示出来的光景是怎样的，譬如人性的问题今天怎么解释，人类迈向一个怎样的未来等。这些问题回答得愈清楚，我们就愈无疑会从认知进入无知的飘浮不定之中，而我们也会愈快达到人实现他个体性自我的极限。

第一节　时代意识的起源

人类对于自己所处时代的批判，其历史与人类的自我意识一样悠久。我们对于当前时代的批判，是植根于基督宗教的历史观，即历史的进程是向着救赎计划的圆满实现而进行的。我们已经（多半）放弃了这种历史观，但是我们对目前时代的态度，不是从这种观点演变而来，便是起而反对它。在预定的时间出现了救世主，这显示了历史的结果；从那时起，人类就只有等待并准备末日审判的到来；短暂而随时得迎接末日来临的世界，已经变得一无是处。和反对这种论点的观念、历史事件会循环一再重复发生的观念、人类文明起源的观念、世界帝国的意义等观念极不相同的基督宗教的理想，由于其普遍性、独特性、在历史中的不变性以及它与救世主之间的关系，对于个人的影响确实是无与伦比的。虽然对基督徒来说，他们所生活的时代是完全世俗的，但他们对那个时代的重要性却有很强烈的意识。

这种历史观是超自然的。历史事件，只要它们已经发生，便都是人类堕落、摩西的启示、犹太人作为选民的使命、先知预言的成全等不可思议的结果;或者只要这些事件仍待发生,它们就只和迫近的世界末日有关。这个世界在其内在性上已经变得根本不是历史性的,因为它被公认为是不相干的。但是当这种超验的见解被换以另一种看法(虽然人类历史独特性的意义被保留),这种新看法则把世界看成一种变动、一种内在的进行过程。人心中有一股意识觉醒了起来,人们意识到自己的时代与以往的所有时代都极不相同,并且确信这个时代或许会在自发和不知不觉中,透过人们自身有意的努力,产生出一些独特的成果,人们也因此充分受到鼓舞。

从16世纪以来,锁链般的连续就没有中断,多亏如此,一代随一代、一环接一环,时代的意识从一代得以传递到下一代。这种延续性起自于人生有意的世俗化(Säkularisierung)。古典学问的复兴,与在艺术、科学和技术各领域中的新架构、新成就一起,被一群影响力遍及全欧的学者所推动完成。这些革新者的心情在德国诗人胡登的诗句中可以表现出来:"心灵觉醒了,而活着便是件欢愉的事。"当时是个发现的时代。地球的海洋与陆地逐渐为人所知;新的天文学诞生了;现代科学也开始了;伟大的技术时代正露出端倪;民族国家的体制也逐渐成形。进步的观念在孕育着,并在18世纪时达到巅峰。然而在这个时代以前,人们所期盼的都是世界末日和审判日的到来,现在他们却期待文明的圆满实现。卢梭便决心要刺穿这种自满的幻梦。在1749年,卢梭因一篇论述文艺与科学对增进公众道德之贡献的论文而获奖,他却在回应致辞时说那些颁奖者道德败坏,并开始激烈地抨击那些进步人士,一直紧咬着不放。

时代的意识进入了一个新阶段。它从少数几个自以为能够真正代表他们那个时代的人本身的精神生活开始。它首先被一种秩序井然的政治生活的魅力所吸引,然后被导向人的存在本身去发展。鉴于在此以前,人们都只是被动地接受人生的现状,到现在思想的基础已经建立,人类理性能够按着自己的目的去塑造人生,把人生塑造成它应该有的理想样子。法国大革命在人类史上是前所未有的。这个革命由理性的原理指引,被认为开启了一个新时代,人可以在这个新时代中塑造自己的命运,从一开始这个革命就受到欧洲思想界的领袖热烈地支持与喝彩。

历史上早先的革命,从来没有任何改革人类社会的意图。譬如笛卡儿并无意反抗他本国的法律与习俗,只想在人心中发起一项革命。他宣称,把一个政府彻底推翻,并在一个全新的基础上重新开始建立一个新政府,这种改革的主张根本是无意义的。甚至17世纪的英国革命,也只是基于宗教和民族的光荣而发起的。新教的改革,无疑让基督宗教革新回归到它的基础教义上去,根本没有任何世俗化的企图。相反地,宗教改革者指控的要点,是教会已经变成了一个世俗的机构。克伦威尔的铁骑军(Cromwell's Ironsides)透过他们的领袖来侍奉上帝,借着对改宗信仰的热忱,被鼓舞着要英勇地奋斗以提高英国子民(上帝的选民)的地位,如此可以光荣上帝,并使上帝的拣选正当化。法国大革命是第一次把革命的推动力放在以理性原则来重建生活的决心上。尽管如此,那被视为人类社会莠草的理性,却惨遭被无情铲除并丢到火焰中的命运。古老可敬的传统却得不到承认!法国大革命家唯一的先行者便是那些逃离英国、设法横跨大西洋以完成他们在故乡无法实现之理想的清教徒移民；这些中坚分子，在那世俗化运动方兴未艾之际，甚至胆敢宣扬人权的学说。

法国大革命令人惊异的结果，是它转向相反的方向去发展。使人类获得自由的决心，发展成为摧毁自由的恐怖。反动聚合成力量；而对革命的敌意、为防止革命发生的坚定意志，乃成为所有欧洲国家的主要方针。虽然如此，一旦革命爆发，人们便对于自己从此以后要负责的生存基础感到焦虑不安，因为革命可以随意地被修正，而且可以依照更接近人心的欲望来塑造。康德在1789年的预言至今仍反复应验："这种现象在历史上永远不会被人忘怀，因为它揭示了人性中有追求更美好事物的基础与能力；而在此之前，没有一位政治学者，曾从先前历史事件的轨迹中推得这项结果。"

事实上，自法国大革命以来，便流行着一种崭新的时代意识。但是在19世纪时，这种意识却一分为二：一方面，人相信有一灿烂的未来即将到来；另一方面，则唯恐自己堕入万劫不复的深渊。然而，当这些人了解到他们的时代只是一个过渡时期，他们的乐观希望便冷淡下来，另一些人的悲观恐惧也缓和了。因此，这种见解已足以在任何困难中平缓并满足精神上的疲惫。

在我们所考虑的这个时代开始之际，黑格尔的哲学形塑了这个时代的历史意识；以一种极其柔和与强而有力、丰富生动的辩证法，表达了前所未有的丰富的历史内容，并且深信，目前具有一种独特的意义。辩证法靠人的意识自身揭示人类意识的转变。意识的每次跃动都是受自我认知（das Wissen von sich）所鼓动；知识的每一细目都改变了认知者；有了这种改变，他必须在自己的世界中找寻对自我的重新认知。如此,意识像流水般不停地流动,因为存有和对存有的意识是被隔断的,它们必须不断地在一种改变的形式中来更新它们的隔离状态,从一处过渡到另一处;这就是过去和现在的人类历史的历程。黑格尔以一种多样而有深度的方法来展示这种进程,这是至今仍没有人超越的。人类自我意识的不安,在黑格尔的思想中获得了澄清,即使在精神整体中以形上的方式隐藏起来,所有时间中的特殊项目都被纳入精神整体中;因为在精神整体中,人类历史知识的短暂狂热变成了永恒的完美平静。

存有物与意识的辩证法(这是无法在纯粹智性的层面上恰当理解的,但只有在我们内心中,透过它对自我的要求,提供灵魂成就其伟大的重要能力时,才能得到恰当的把握)受到对存有的肯定而被贬抑为人类历史上一种人为简化的历程,亦即一种完全由物质的生产条件所决定的历史观。在这样的学说中,辩证沦为一种方法,缺少了人之存在历史性的内容与形上学的内容。的确,辩证法使得某些特定的历史及社会学问题的明确陈述成为可能,这些问题的研究引发了丰硕的成果。但同时它又让一些打着科学名号来宣传的政治口号得以流传,原本公认深刻的历史时代意识,变成随手流传的劣币。最后就连辩证法也被人弃如敝屣。人们起来反对这种学说,反对它那简化的经济唯物论,反对那种在盲目的彼此斗争中将人贬为自然物种的主张。在这些变量中,真正历史的时代意识已经消失不见了。

在黑格尔的辩证法中,整个历史的意象是当下赖以意识自身的模式;但是有另一种选择的可能性,即忽略遥远历史的丰富资产,只专注于目前。费希特在他的《当下时代的特征》(*Grundzüge des gegenwärtigen Zeitalters*, 1806) 一书中, 已经发展出这种批判: 虽然他的方法属于一种全人类史从开始到结束的抽象构筑(如基督教历史哲学的世俗化), 但他的目光仍专注于基督教哲学的核心; 在这种哲学中, 现世被认为是一个罪恶的时代。克尔凯郭尔是第一位对他的时代作全面性批判的, 这种批判与以前所有批判尝试的不同之处, 在于他是本着真诚进行的。他的这种批判, 是有史以来首次仍可适用到我们目前时代的批判, 而且今天念起来就仿佛是昨天才写的。他让人面对虚无。尼采的作品晚于克尔凯郭尔数十年, 尼采对于他的先驱克尔凯郭尔的作品并不熟悉。他注意到欧洲虚无主义的出现, 无情地诊断了它的病症。对于当时的人来说, 这两位哲学家似乎只是怪胎——没有人会在意的煽情主义先知。事实上, 他们觉察到当时早已存在但尚未引起一般大众不安的因素, 他们是这样的先知先觉, 而只有到我们这个时代才被人推崇, 被视为探讨当代现实问题的哲学家。

整个 19 世纪的时代意识, 与克尔凯郭尔及尼采的意识比较之下, 并不是可以很清楚地看出的, 然而当时已有许多人开始觉醒了。一般大众对于文化与进步都感到满足, 但是具有独立思考的人, 却充满着不安的预感。譬如歌德写道: "人类将变得更聪明、更有洞察力, 但却不会变得更好、更幸福或更有活力。我预见有一天, 上帝不再对他的创造物感到满意, 他将再度毁灭世界, 并重新开始一切。" 1830 年, 诗人尼布尔有感于法国的七月革命, 写下了下列悲痛的词句: "除非上帝给予奇迹式的帮助, 我们便要面对迫在眉睫的毁灭, 类似于第三世纪中叶降临于罗马帝国的灾难一样, 繁荣、自由、文化及科学都要消失。"塔理朗说, 只有那些生活在

1789年以前的人，才可能品尝过人生的各种甜蜜，而在一个世纪之后的我们回顾19世纪的开始阶段，会觉得那是一段太平幸福的日子。因此，每每新的一代为即将来临的毁灭而战栗时，他们只会认为先前阶段是一个黄金时代，而怎么会知道，那个时代的人们却是受同样沮丧暗淡的预言所困扰呢？1835年，法国政治家托克维尔体认到，民主政治的来临不可避免，因此在对民主本质的研究中，他关心的并不是如何预防民主政治的发生，而是如何尽量减少民主的罪恶。他和许多其他学者把民主视为如同蛮族入侵一般。瑞士历史学家布克哈特认为，民主的起始是与恐怖分不开的。早在1829年，法国作家司汤达便以极客观冷静的态度来评论民主政治，他写道：

> 依我之见，不消一世纪，自由将毁灭艺术审美的能力。这种能力是无所谓道德的，因为它误引我们进入恋爱的忘我状态，使我们陷于怠惰和夸大的作风。让一个具有艺术气质的人来负责开凿运河，他若没有按工程师的冷静理智态度去行事，就必然会在某方面把事情给弄砸了。

又写道：

> 两院议会制度将传遍全世界，对于艺术是一项致命的打击。统治者不再花钱兴建美丽的教堂，而是想办法把钱弄到美国去投资，因此一旦政府有变动，他们就可以到美国充当寓公。只要两院议会存在一天，我可以预见两件事：第一，他们

永远不会连续五十年每年通过两千万元的预算,来盖一座像圣彼得大教堂一样的建筑;其次,在他们的议会大厅中将聚集着有钱人,当然他们的人数不会太多,而他们所受的教育,却不足以培养出一种对艺术的鉴赏力。

他建议,那些想要出头的艺术家最好放弃艺术生涯,去从事制糖或陶艺等赚钱的行业,因为这样一来,他们比较可能成为百万富翁和国会议员。德国历史学家兰克在他1840年的日记中写道:

> 从前伟大的信念就是法则,是伟大事业的基础。现在人们却对发表革命宣言感到满足。他们的革命根本没有结果,他们的一切努力终归失败。只有那些发表政党的观点,并因此得到有效支持的人,才能有所成就。

对于意大利政治家加富尔来说,民主时代的来临,就如托克维尔所观察到的结论一样,是不可避免的。且让我引用加富尔在1835年给友人信中的一段文字来佐证:

> 我们不能再自欺欺人了。社会正大步迈向民主……贵族阶级逐渐没落……当代社会的结构中,已不再有贵族这一阶级了。对于群众洪流般的力量,我们又有什么法子,可以阻挡得了呢?没有方法是稳靠的、有效的、经得起考验的。这种事情我们究竟要引以为喜呢,还是要引以为忧?我没有办法回答。无论是喜是忧,照我的想法,这是人类未来无法避免的事

实。让我们现在就准备它的来临,或者至少为我们的子女先作好准备。……现代社会包含一种注定朝民主迈进的演化,任何想阻止民主运动进行的尝试,都只会引起风暴,而无法帮助我们将船驶入安全的港口停泊。

在19世纪时,那些从最繁杂处展望人类前途的人,心中都充满了一种危机的意识。人人都感觉到自己的前途岌岌可危。就如基督徒确信这个世界误入了歧途,因而抱着救赎的道理,认为世界是必须超越的,因此那些认为自己的时代注定是不幸的人当中,有许多逃避到一种对人生根本问题的沉思上去。黑格尔确信,他所处的时代是一个衰微的时代,便主张实在界本身(而不仅是哲学)需要一种赎罪。他说,哲学就其为人的赎罪而言,只不过是一种局部的或外在的普遍化过程:

> 就此而言,哲学是一间隔离的圣所,而它的祭司建立一种必须远离俗世的孤立神职,其职责则在确保获取真理……立即实用的东西并不是哲学所关心的。

德国诗人席勒写道:

> 以肉体的意义来说,我们希望成为自己时代的公民(因为在这种事上,我们的确毫无选择);但是在精神的意义上,摆脱特定国家和特定时代的束缚,成为各个时代的公民,却是哲学家和有想象力的作家的特权和责任。

另外有些人，则设法引导他们的同胞回归于基督宗教。以丹麦的教育家格隆特维希为例，他说：

> 我们这一代的人站在一个三岔路口，或许这是有史以来最重要的时刻。旧有的消失了，而新的东西仍然暧昧不清。没有人解得了未来之谜。因此，除了在耶稣基督的言语中找寻外，我们又从哪里可以找到心灵的平安呢？天地会过去，而耶稣基督的言语却会屹立不摇。

然而，克尔凯郭尔的立场却和这些人的看法正好相反。他所期望的基督宗教，是它原始的纯洁精神，唯有这种精神可以帮助我们这个时代。基督宗教必须恢复个人的殉道精神，因为在今日个人已被群众所埋没。克尔凯郭尔不愿让他自己被牧师或教授的安稳职位所羁绊，他不愿发表一套客观的神学或哲学，也不愿成为一位宣传家或躬行实践的改革家。他无法向同时代的人指出应行的方向，却能使他们自觉所走的路子是错的。

上文选录的是19世纪前50年代有关时代意识的文字，还可以找到无数的例子，也可以证明所有现代批判的主旨，至少有一世纪的历史了。第一次世界大战前后，有两部反映我们时代的杰出著作：一是德国政治家拉特瑙所著的《现时代的批判》(*Zur Kritik der Zeit*, 1912)，另一本是德国哲学家斯宾格勒的《西方的没落》(*Untergang des Abendlandes*, 1918)。拉特瑙的书是对现代生活机械化的调研分析；斯宾格勒的书则是一部历史哲学著作，充满了鞭辟入里的观察，并设法证明，西方世界的没落是自然规律运行的结果。这两本书新颖的特色是它们引证真实的数据,它们提出的看法都有实证资料的支持,它们都获得了很大的销量,并且不断强调人类与虚无面对面的坚持。总之,克尔凯郭尔和尼采仍是这一方面的先驱,虽然克尔凯郭尔并没有弟子来传承他对原始基督教精神的主张,而尼采的查拉图斯特拉信仰(Zarathustraglauben)也没有被一般大众所接受。然而,由于他们两人都揭示了人类正迈向毁灭的趋势,我们只能期盼战争的各方对他们的学说给予空前的关注。

无疑,有很多人相信,人类的各种活动终归徒劳无益,一切都成为可怀疑的,人生中没有任何东西能维持不变,人的存在无疑是受意识形态相互欺骗和自欺的一个无休止的旋涡。因此,时代意识与存有脱节,而且只关心它本身。人有了这种看法,便免不了受到刺激,意识到自己将变成虚无。他对于结束就是毁灭的察知,同时就是对自身存在是虚无的察知。时代的意识已经在空无中栽了一个跟头。

第二节　目前处境的起源

人类目前处境的问题已经变得比以往更迫切。无论从这种处境过去发展的结果来看,或是从未来的可能性来看,都是如此。一方面,我们看到了没落和毁灭的可能性,另一方面,我们又看到了真正的人生即将开始的可能性;但是在这两种相冲突的选项之间,未来的展望却是模糊不清的。

人类从先于人类的生物进化为人,不仅发生在有历史记载之前,而且早在传统开始之前。使人类祖先凌驾禽兽之上的因素包括:对工具持续而非偶然的使用、生火和用火、语言的产生、使建立同伴关系及持久性社会基础成为可能的性猜忌控制。人类有记载的历史只不过6 000年,与人类成形的史前阶段数10万年相比,只算是极短暂的时光。在那些漫长的日子里,人类以不同的形式生存着,散布在地球的表面,彼此一无所知。这些人类中的西方人(他们征服了世界,使世界各地的人彼此接触,并使人类都能察知他们共同拥有的人性),借着三项伟大原理的连贯使用而发展。

第一项原理是一种果断的理性态度(Rationalität),它以希腊的科学家为基础,对经验的数据加以评量,并获得技术上的熟练。普遍为真的科学研究,由于罗马法的系统条理化法律裁决的可预测性,应用到经济活动上的计算等,都是将所有的活动合理化。这些都是完全顺从逻辑思考和经验事实支配的结果。

第二项原理是自我的主体性,这在犹太教先知的教诲中,在希腊哲学家的智慧中,以及在古罗马政治家的活动中,明白地显示出来。我们所谓的个体性,在西方世界中,是顺着这些方式发展的;而且从一开始,就与理性态度密切相关。

第三项原理是西方人所有的一项坚定的信念,即世界是时间中可触知的实在,这种信念与东方的"遗世的境界"正好相对,在东方人看来,或许"无"才是那些呈现自身于我们之前的存有物的真正实在。确信是对这种可触知实在的确信,而脱离这种实在,信心便无从生出。自我及理性态度是确信的双重来源,它认识实在,并设法控制实在。

只有在最近几个世纪中,这三项原理才得到充分的发展;而且一直到19世纪,它们才发展成形。地球的表面已昭然若揭,空间已被征服。人类首次能够在自己的星球上随意选择住处。所有的事物都彼此关联。对时、空及物质技术性支配的进步异常神速。其进步不再经由偶然及孤立的发现,而是经由有组织的合作研究;在这种研究的过程中,发现本身被系统化组织起来,并纳入有目标的努力之中。

世界的文明,经过数千年孤立而充满分歧的发展,这最后的450年间,目睹欧洲人征服了全世界,这种征服在最近的100年间完成。在这最后阶段的飞跃进步中,出现了许多独立而杰出的人物:有充满领袖的自豪,艺术大师的自得其乐,探险家的热忱、勇敢却不失谨慎的冒险精神,达到最高境界的满足等种种优点的人物;而我们与如此显示出来的世界之间,产生了一种亲切的关系。只是,今天我们感到这个扩张的时代已经过去,而且告一段落了。由于气氛的转变,虽然仍有积极方面的成就,我们已经体会到,有许多巨大而且几乎难以克服的困难持续存在着。对于外在目标的征服似乎已经到了极限;我们不但没有进步,反而有退步的倾向。

"只有循环不已的生生不息,才能稳固持久"的观念,是与西方人的思想指导方针不相容的。理智告诉我们:每一新的认知都隐藏着更多的可能。实在界并非如表面那样存在着,唯有积极的认知行动,才能真正掌握实在界的真相。任何东西都不再是一成不变的。一切事情都可以加以质疑,而且可以尽量加以改变。最近这种目标已经实现了,代价是内部的摩擦冲突,这在19世纪时是闻所未闻的事。

感觉和从前的历史断了线,这种感受相当流行。然而,创新并不只是一种社会的革命变动,就像分崩瓦解那样,也不只是财产关系的变动或贵族政体的崩溃。4 000多年前遗留下来的一份古埃及草纸抄本上写有这样的文字:

> 盗贼滋生……田地荒废。老百姓感叹:"真不知道将来的日子怎么过哟!"四处是污泥,没有干净衣服穿……国家已经摇摇欲坠、险象环生……女奴却穿金戴银……我们再也听不到欢笑声……不管是大人物还是小人物,都异口同声:"真是生不如死!"……原本养尊处优的人家得为生活奔波劳累……原本的贵妇人得纡尊降贵操持女仆的工作。……一般穷苦的百姓耐不住饥饿的煎熬,不惜到猪栏与猪抢食……保存档案的官府被破门而入、饱受劫掠……史官的文献也受到无情的摧毁……更有甚者,某些愚昧的小人动摇了王朝的国本……官吏被迫调职各地……官府在应该办公的时刻仍大门紧锁,群众就像无人放牧而饱受惊吓的羊群……艺术家不再孜孜于艺术创作……无辜的弱者遭到残杀。……原本穷困潦倒的人旦夕之间成了暴发户,跟着而来巴结逢迎的人使他陶然沉醉……奢侈浪费成了风气……但愿人类从这个世上毁灭,但愿妇女不再怀孕生子。那么世界终究会得到和平。(Erman, *Die Literatur der Aegypter*, 1923, pp.130 - 148)

从上述这段文字可以看出那种对社会混乱状况绝望的心情,以及没有可靠的长居久留之地的感受,在历史上并不是现在才有的。古希腊历史学家修昔底德对希腊在伯罗奔尼撒战争

(peloponnesischen Krieg)时期情况的描述,是古代世界混乱的另一项证据。

然而这种见解,在新时代中,应该比一般对革命、混乱、道德力量松弛等可能性的看法更深入,更能一针见血。自席勒的时代以来,现代人的心灵已经意识到,自己对神在世界临在的那种感受已消失了——这种失落感是近几个世纪的特征。在西方这种感受过程被逼向一种极端,远远超过世界任何其他地方。无疑地,在古印度和古代世界中,有怀疑论者的存在,对他们来说,除了直接展现在我们感官之前的东西,其他东西都不存在。虽然如此,世界整体对他们来说,仍是一个精神化的实有。在西方,由于基督信仰广传的结果,另一种怀疑论成为可能,认为有一位存在于世界之前与其后的超越造物主,他与世界分离开来,世界却是他从混沌中创造的,将世界降为只是受造物的地位。异教徒所认识的神祇,从自然界消失了,而世界变成了一个无神祇的世界。所有的受造物,现在都成了人类认知的对象,而这种认知可以说是重新思考上帝的想法。新教的基督教义很认真地看待这件事。自然科学连同世界的理性化、数学化和机械化,与这种形式的基督教信仰很近似。17和18世纪的伟大科学家都是虔诚的基督徒。然而最后,日增的怀疑使得上帝造物主的地位发生动摇,只剩下一种可由自然科学认知的世界机器(Weltmaschinerie)——除先前被贬为受造物的地位以外,这个世界机器从未被如此鲁莽地剥夺过精神的存在。

世界被剥夺了精神并不是个人不信的结果,而是一种实际上导致虚无的心智成长的可能结果。我们感受到前所未有的存在空虚,这种空虚感,就是古代最敏捷的怀疑论者也会用没有衰退的神话世界来防卫,在伊壁鸠鲁学派的卢克莱修所著《物性论》(*De rerum natura*)一书中便充满了这种神话世界的色彩。这种发展对人类意识当然不是绝对不可避免的,因为在它的预设中,对自然科学的真正意义藏有一种误解,并且在把它的范畴应用到所有存有物上时过于僵化。一如前述,这种发展是可能的,而且它实际也发生过,由科学在技术和实用的领域上压倒性的成功来推动。在人类有史以来和史前阶段的数千年之中,神明不曾为人做到的事情,人自己却做到了。他想要能够轻易地从这些行为中辨识存有,直到他被自己造成的空无所惊吓。

现代人都想要以现在的处境去和古代相比,和古希腊城邦的崩溃、古希腊文化的衰亡、上古文化倾颓时的基督教时代第三世纪相比。但是有更重要的差异。古代文明只不过是世界文明的一小部分,这些文明所在的区域并不包含人类未来的所有因素。时至交通便利的今日,整个人类都进入了西方文明的影响范围内。在黑暗时代开始之际,人口曾一度减少;现在却是不断地增加,而且增加速度惊人。从前文明的危机来自外在因素,现在危机却是内在的。然而我们这个时代和公元3世纪之间最显著的分别是:那个时代的技术是停滞、退步的,如今却是以巨人的步伐进步着。有利和不利的概率,是在人们预测的范围之外的。

从那时起,这种技术世界的发展,无法不成为影响人的存在基础,并提供新环境的客观明显的新因素。有史以来第一次,人类对自然开始了有效的控制。如果我们想象自己的世界被埋葬,其后的挖掘者将不会挖出像我们得自古代的那样美丽的东西。而对我们来讲,古代的人行道也是极为赏心悦目的。然而,后代的人会发掘出大量的钢筋混凝土,弄清楚在之前最后几十年的阶段中(与先前时代相对的),人类开始用网状的器物来包围地球。如此采取的步骤,曾像我们的祖先首次使用工具一样意义重大;而我们已经可以预期有一天,世界将变成一个充分利用它的物质及能源的庞大工厂。这是人类第二次与自然决裂,去做自然永远不会为自身做的事情,这种事情也是以创造性的力量与自然对抗的。这种工作,不仅在它具体可见和可触知的产品中实现,而且也在它的运作中实现;而我们假设的挖掘者,将无法从无线电的杆子和天线遗物推想出新闻在地球表面普遍传播的情形。

我们这个世纪的创新,以及将使本世纪与过去截然划分的改变,并不完全在于世界的俗化以及它进步的技术,即便那些对这个主题没有明确认知的人也会非常清楚,他们生长在一个过去几千年以来前所未有的世界大变动的时代中。我们时代的精神处境充满严重的危机和种种的可能;如果我们对这种处境应付不当,整个人类将会面临失败的命运。

这即将来临的是一个结束呢,还是一个开始?它或许是一个和人类最先变成人同样意义重大的开始,只是现在由于新获得的工具,以及在一崭新和较高层次上的体验能力而更充实。

第三节 一般的处境

到目前为止,我提到"处境"一词,其意义都相当抽象而含糊。严格意义下,只有个人能置身于某一处境中。广义而言,可以谈及群体、国家、人类的处境，也可以谈及像教会、大学、剧院等机构的处境，以及科学、哲学、文学、艺术的处境。当个人的意愿支持上述这些东西或机构之一的原则时，他的意愿和他所支持的原则都是在某种处境之中。

在某些情况下，处境是无意识的，它是不需要当事人的认识就生效的。在其他情况中，处境则是被具体看待的，那接受处境、利用处境及转化处境者的自觉意愿所观察到的处境是具体的。观察者或参与者所意识到的处境要求与之相关的有意行动。处境并不自动导向某种不可避免的事情，但它却指出某种可能性和何者为可能的界限。它产生怎样的结果，部分是由置身于此处境中的人所决定的，而部分则由他对此处境的想法来决定。对一处境的"掌握"影响此一处境，只要对它的掌握使我们对它实行某种确定的态度成为可能，并且使得诉诸行动的裁判成为可能，便可达成。掌握某种处境是控制它发展的第一个步骤，因此，仔细考察这种处境并加以了解，会引起改变它的愿望。当我仍旧努力去了解现时代的精神处境时，我渴望运用自己生而为人所独具的智慧与禀赋；而只要我的理解一天不完备，我就只能把处境的变化和我的努力视为根本无关；而只要我在此处境中成为一个积极的参与者，我就会在处境与我自己的存在之间，以行动和反应来干预。

然而，我们必须问清楚：我们所指的处境究竟是哪一种的？

首先，人的存有基于他在经济、社会和政治等处境中的存在，这些处境的实在性，是其他一切事情所依赖的；或许，只有通过这些处境的实在性，其他一切事情才能成为真实。

其次，人的生命，就其作为一种有意识的存有，属于可认知的领域之内。历史上所获得的以及现在仍存在的知识（就其内容、其获得的模式与其方法上的分类和增加而言），是人可能会清楚的处境。

再次，一个人自身能成为什么，就处境而言，是由他在人生旅途中所遇到的人和吸引他相信的种种可能性所决定的。

因此，当我研究目前的精神处境时，我必须考虑真实的存有、知识的可能清晰性，以及信仰的潜能。

（甲）就人的社会性存在而言，个人受限于一种特定的环境，因此，他在各种情况中并不是同等程度的参与者。人如何在现有的各种社会处境中适当举止的原则知识，仍然不可得。的确，或许会有少数的几个人知道许多有关个人在其日常经验中似乎是当然的事情。

今天，无疑地，个人的身份比以往更具流动性。早在19世纪，一个无产阶级的工人就可能一跃而成为工业巨子；到今天，更可能摇身一变成为一国首相或总统。只是，这种可能性毕竟是小之又小；而这些可能性，在与一个人与生俱来的命运所强加的限制相比较时，就再度消失了。

一般人对于人维持生计的主要类型已具有某种程度的认知，譬如工薪阶层、农民、从事手工艺的工匠、企业家、公务员等。但是我们人类处境的一般情谊，比以往表现得更让人怀疑，因而旧有的社会阶级束缚虽然已经解除，但个人在社会团体中，因其所有的身份地位而有的新限制也明白地显示出来。或许，一个人要超越他出生背景所加给他的限制，同以往相比更不可能。今天我们共同拥有的，并不是四海之内皆兄弟的人类情谊，而是与全球性传播媒介遍布和某些消遣的普及并存的世界主义口号。一般的社会处境并不是我们的命运、存有的决定性因素；相反的,那决定我们命运的,却是那些要毁灭我们的威胁。关键性的因素是在一个含蓄并凌驾全体,而不受全体所涵盖及凌驾的特殊领域中,某种自我(这个自我,目前在客观上还不存在)发展的可能性。这种自我并不存在于现代人中,然而人要是有意介入他自己的命运中,并作为一项成功的干预因素的话,这种自我就有实现的可能。

(乙)就知识而言,当前的处境显示出,愈来愈多的人可以运用科学上日益充实的方法与原理。但对个人而言,不仅在客观上可达到的成就因人而异,就是在主观上,由于大多数人没有成熟的意愿,因此也缺乏自动自发、主动求知的精神。从一个更广的角度来看知识,我们可以这样假定：当某种——可以依照统一的模式,迅速决定某一阶段全体人类精神处境的——全面相互沟通实现时,同样的处境对我们大家也会成为可能。但是,由于每个人的求知欲望不同,我们大家彼此之间有矛盾,因此这一种统一,实际上也就不可能做到。

(丙)现在谈到自我和他人之间的关系,并没有任何可以普遍化的情境,只有那些彼此相遇者的绝对历史真实性、他们接触的深浅,以及人际关系的忠诚和不可替换。在普遍的社会解体过程中,人再度被迫回到要依赖这些最原始的联系上去,而唯有在这种联系上,才能建立一种新而可靠的客观性。

因此,作为某一特殊时代的人类,不能有这样同质的处境,也是无可争论的。如果我们把人类的存在想象成一种统一的实体,它在不同的特定处境中随时发现自己,那么想象力必会在空虚中迷失自己。纵使由于一位想象中的神圣存有者,人发展的过程很可能被认为是照着某种方式进行的;作为一个个体的我,不管我的知识有多广博,都应该在这个过程中沿常轨而行,而作为一个认知的存有者不能置身事外。虽然如此,且不谈特定处境在其无限交互分歧中的三种变化,现在通行的说法,在谈到时代的精神处境时,把这样的处境认定为真实的存在。这就是我们在思想上面临分道扬镳的时刻。

假设我们自己能接受这样的看法,即有一位神明从我们之外来默观我们的存在,我们便能为自己建立一个整体的形象。在人类史上,我们将目光集中在某一点上,亦即目前的某一点上。一个客观的整体,无论在其静态的外观上是清楚分明的,或在生成的过程中被看成模糊不清的,都成了我认知上投射那属于必然、独特、易变之处境的背景。我的位置,可以说,由坐标来决定;我的存在则是此位置的一项函数;存在是完整的;而我自己只不过是一种修正、一项结果或链锁中的一环。我的本质是历史时代以及社会情境合成的一个整体。

全人类发展的历史图像,作为某种必然过程,无疑是很吸引人的。时代是什么,我就是什么。但是时代是什么,在历程中显示自身是一特殊阶段。如果我认识这个阶段,我就知道时代的需求。为把握住存在,我应该认知整体,通过对整体的认知,了解我们今天所立于其中的处境。目前分派给我们的任务,我们应该责无旁贷地、无条件地而且热烈地来接受。的确,这些任务目前限制我,但是只要我现在默思它们,我就同时隶属于庞大的整体之中。没有人能超越其时代的限制。如果他想要这么做,他就会坠入虚无之中。由于我通过对整体的认知来认识时代，并把对时代的体认视为一种可欲的目的，我坚决反对那些拒绝我所体认的时代要求的人。对我来说，他们似乎是变节者、逃避责任者、失败主义者和背弃真实原则的逃兵。他们是弃械投降的叛徒。

当然，一个这样想的人，没有办法逃避那根本不合时宜的存有的忧惧。他焦急地观望，以免遭人遗弃。当实在世界继续稳定地向前迈进时，他唯恐自己跟不上步伐而落伍。因此，最重要的问题是时代所要求的东西。能够宣布这件事、那件事或其他的事情，是在康德之前的、不合时宜的，或在战前的，是多么愉快的事！用这样的词句，就注定了不幸。责备的话大可以说："你落伍了，赶不上时代；你和现实脱节；你不了解新的一代！"只有新的才是真实的，只有青年站在时代的最前端。要不惜任何代价赶上时代！这样一种对于当代自我肯定的推动力，终究成为对现在的鼓吹、对目前表现的赞扬——就好像有关现在的真实情况不可能有任何怀疑的阴影一样。

然而，那种认为我们能够认识历史或此刻的全盘真相的想法是错误的。所谓全盘真相是否真正存在是可疑的。不管我选择把目前的这个时代看成一种精神原理、一种特定的生命感受、一种社会结构、一种特殊的经济秩序，还是一种特殊的政府制度——无论如何，我所理解的，并不是全盘真相的终极源头，而只是其中可得到的定向各种视角的一种而已。我不可能从外面去探究那些我在任何情况下都无法离开的存有物。因为我自己的存有，无可避免地对存在的整体性有影响力，独立的知识只不过是一种"虔诚的愿望"；它描绘出我所愿遵循的道路，唯有怨恨才在这种捏造知识的敌意中找到宣泄的出口,它是因此证明合理的默从,它是我从自己想象的华丽景象中得到的感性愉悦,它是可以借以获得认可的姿态。

虽然如此,在相对的世界中,当我们胆敢选择那对整体一无所知的另一条道路,但也是真正的道路时,如果我们真正要把握住自己的处境,如此的一瞥都有一种用处和意义,并且都是不可缺少的。一旦我知道如何、通过什么方式,以及在哪些限制下可以获得知识,我将别无选择,只能不断地努力去理解我的时代及其处境。我对世界的认知为我提供唯一的途径,使我能够:第一,了解可能之事的界限;第二,在生活中构思健全的计划,并作出有效的决策;第三,得到让我能像超越界的显示一般来诠释人生的见解和理念。

因此,当我着手找寻真理时,我面对着一种悖论(die Antinomie),那就是:想去理解全盘真相的原始冲动,会因整体不可避免走向破碎化的趋势而注定遭遇挫败。当整体碎裂成特定的惊鸿一瞥和满天星斗,我尝试以逆反的顺序从中重新建构整体。

然而,以这样过于绝对的方式来理解这些悖论,是一种错误。我认为整体应该是一个已知的东西,但是我对它却只有模糊的印象;或者我对现状感到满意,而不再有野心去尝试了解整体,并且因我把那本来只是偶有的东西当作绝对的,而曲解了整体的处境。

两种错误的看法虽然彼此对立,但也有共同的地方。对于那种自认为没有他参与而发生的事情和他无关的人,除了通过批判、评价或热烈的希望,这种对整体处境模糊的印象,对他这种袖手旁观而不直接参与其事的人来说,反而更自在。把有限的处境误以为就是存有本身,便是将意识隔绝在偶然性的窄巷中。对整体处境的印象以及对于特殊事件的不当限定,这两方面都造成人们的懈怠,使人只对肤浅的活动感到满足,而从不费心去探究事情的真相。

与此二者大相径庭的是自认为在努力找寻方向的心态。澄清处境的目的,要尽可能清楚地去理解个人自身在特殊处境中的发展。人的存在不能完全被视为过去或现在。与个人真实处境相对的,每一普遍被理解的处境,都是一种抽象,而对它的描述只不过是对某一种类型的描述。以这种标准来衡量,具体情境中还缺少许多东西,而在有限的知识中,又加上许多没有意义的东西。然而处境的种种意象就如马刺般,刺激个人尝试去寻求通往事情发生源头的道路。

第四节　明白目前处境的方法

目前精神处境的建构是会继续下去的。由于一方面,对于可认知事物限度的了解日益增长,以及另一方面,对于把事情绝对化的不当冒险、把出于特殊视角的看法视为整个处境的再现,会有一种满意的倾向。在它们那些特殊的视角上,这些看法是真确的,但是却没有绝对的真确性。

如果把人类群体的生活秩序视为实在界的原理,当我们遭遇到某种具有决定性影响的无名力量(anonyme Mächte)时,这个原理便失效了。

如果有人强调精神活动的颓废,那么在新的种种可能开始显示出来时,上述的颓废也到了终止的地步。

如果我们可以从人们怎样看待人自身存在意识的方式找寻到时代的特征，那么我们的指证便是我们了解人存有的哲学转化成"存在哲学"(Existenzphilosophie)的关键。

如果我们经过深思来预测，那么除在适当时机以一种积极的预测来取代之外，保证不会有其他目标。

如果我们谈到人生，我们的目标是必须先弄清楚自性(das Selbstsein)。

我们对当前精神处境的思虑，面对的并非同一层次上相互对立的情况，而是完全不同存有层次上的对立。因此，最后我们并不知道实际是什么(was ist)，只是想知道能够成为什么(was sein kann)。

神(die Gottheit)能够知道什么，人无法得知。这种认知会使他在时间中的存在终止，而人的活动才是他认知的目标。

第一章　生活秩序的限制

由于现代人生活的杂乱无章,事情发生的真相往往不为我们所理会。我们就像在茫茫的大海中航行,没有航海图,也找不到一处可瞭望整个海洋的落脚之处。或者,换句话说,我们就像在旋涡里打转,我们看不见真相,只因我们深陷其中。

今天人们视为理所当然的是:人生拜科技进步之赐,由合理化的生产来供应群众需求。这种看法似乎假设整体只能由理性化约为完美的秩序。但是这种对于人的世界组织之可理解过程的整体知识,如果要进一步成为一种对目前存有的决定性认知,那么那个存有对我们,不再是像一个完全无从捉摸的可能性,或是像一个深不可测的漩涡,而会像一个目前正在运作的机器,如同经济的必然演化般来呈现自身。

然而,生活秩序不断受到困扰,它的衰退似乎是迫在眉睫的,它似乎无法完美。现在问题是,这种生活秩序自身是否能为我们变成一个"整体"？或者，它是否真的只不过是整体环境的一部分而已？生活秩序的未知领域向我们揭露，国家、精神及人性本身都是人类行动的起源——是不进入任何生活秩序的起源，虽然它们对于促使这种秩序成为可能是不可缺少的。

人从这些起源引发的他对实在界认识的方式，是首先与这种实在一同创造他的精神处境的方式。为了阐明这种处境，我们从今天人们默思实在的方式开始。对当代人的存在所作的赤裸的描述——不管每个人的政治或哲学观点如何，都证明是可以接受的——将足以明了，人对实在界的认知并不等于实在本身，虽然彼此可以相得益彰。在显然无法避免的审视中，将自身显示出来的实在似乎指出了人是全然依赖的；然而，人自身要成为什么，却是他如何认知当代精神处境对他造成的真实影响的结果。人面对着下面这样的难题，即他是否要以宿命论的方式，向似乎主宰一切事情发生的崇高力量屈服，或者他是否可以自由地选择自己的路子，因为前述的力量已无法左右他的抉择。

第一节　技术与工具——群众生活的决定因素

全世界的人口，在1800年前后大约是8.5亿，在20世纪30年代则遽增为18亿。这种前所未有的增加，由于科技的进步而实现；而世界的人口，在这30年间，增加的幅度是1.33倍。科技的发现和发明造成了下列结果：生产有了新的基础；大企业的组成；劳动生产力在方法上的增进提高；全球性大众传播媒体及运输工具的改善；法律的制定及警察保安制度的建立，使公共秩序得以确保；并由于上述种种因素的配合，大加改善的设施，使工商业可以期望能有更加丰硕的成果。庞大的企业现在可以由一个指挥中心来发号施令，纵使它的员工可能数以万计，而且分公司遍布全球各地。

这样的发展，配合着生产及分配活动的合理化，决策是根据知识和计算，而非根据本能及愿望作出的；而它同样地配合机械化，所有的工作都是在符合每个当事人的详尽规则和规定之下完成的。在这种情况下，人们通常等待事情的发生，而在某种事情发生之前，他们是不会有所作为的。而现在，人们却事先把事情想好，并且丝毫不听任自然——结果在许多方面，单个的工人比起机器的零件强不到哪里去。

今天，广大的群众都得依赖庞大的连锁企业而生存，每个工人在其中，就好像大机器中的小螺丝钉一样。因此，我们的基本需要也是以一种历史上前所未有的效率来供应的。一直到19世纪初，德国境内仍有饥荒，瘟疫肆虐，婴儿死亡率高得惊人，而得享天年者几希。时至今日，只要没有战争，在西方国家中，从未听说闹过饥荒。1750年，伦敦居民每年的死亡率，平均是20个人中有1个，今天却是80个人中有1个。由于疾病和失业保险，加上其他社会福利制度，今天已不再有任何人会面临饿死而无人过问的危险，这在过去的欧洲却是常有的事。但在另一边的亚洲，这种危险仍被认为是理所当然应该存在的。

群众日常生活需要的供应，并没有按照一个统一的计划来完成。这项计划是一项极复杂制度的结果，在此制度中，理性化和机械化从无数的来源汇集成一股强大的潮流。一般的结果,不是一种可把人类当作低等动物看待的奴隶经济,而是一种独立人格的经济制度,每个人在他自己的位置上的善意和自愿合作是整体经济恰当运作的根本。因此,各种形式的民主政治一定是这种工具的政治结构。任何人再也不能够根据一个预先想好的计划来武断地决定群众应该怎么做;一般大众的赞同或容忍,是目前不可少的。事实上,此一工具的运作,是大多数个人有意的紧张造成的结果,最后不管彼此间的冲突而合作;而个人究竟做了什么,是由他身为一个生产者的效率决定的。因此,虽然所有的工作都是有目的的,就整体而言,经济活动却是没有目的的。

在过去的两百年间,政治经济学以这种生活秩序观点为基础而发展。由于科技、经济及社会的成长,愈来愈成为决定历史事件发生的因素,有关这些发展动向的知识逐渐成为研究人类事物的学问。那解释了,何以人生基本必需品供应的有意及合理的安排,这种看似简单的原则,会呈现如此非比寻常而复杂的面貌。我们在此关心的是,在整体中看不出来的规定和控制,它们只能通过不断的变化来保存。

第二节　群　众　统　治

工业社会的生活秩序和群众是密不可分的。社会必需品供应的庞大机构必须适应群众的特殊偏好;它所发挥的作用,也必须适应所能得到的劳动力总数;它的生产必须适应消费者的需求。因此,我们推论出,群众必须统治;可是事实证明,群众无能统治。群众看起来像个怪物,一旦我们想要抓住它,它就消失了。

一、群众的特征

"群众"(Masse)一词是有歧义的。如果我们指的是在一个特殊处境中无显著区别的一群现代人,并且因处于同样的情绪压力下而融为一体,那么很明显,这样一个群体的存在只能是很短暂的。如果我们使用"群众"一词作为"公众"(Publikum)的同义语,这是指一群在精神上共同接受某些意见而结合在一起的人,但是在界限和社会阶层上,却是模糊不清;虽然如此,有时它却是一个典型的历史产物。然而,群众,就其为一群人的聚集,构成了我们世界不断运转而有效的力量,这种力量在"公众"或"乌合之众"中显现出来,只不过时间很短暂。

群众,就其为一群乌合之众而言,其短暂聚合的特征曾经巧妙地被古斯塔夫·勒庞分析为,易冲动、易受暗示、不能容忍以及捉摸不定等性质。"公众"是一种幻象,一种被误认为存在于一群为数众多而彼此间并无实际关系的人之中的幻象。而他们的那种意见,便是所谓的"舆论"(die öffentliche Meinung),这是被个人或团体利用来支持其特殊观点的虚构东西。它是很难感知、会让人引起错觉、短暂而变化无常;它一会儿这样,一会儿那样,一会儿又消逝了;它是一种能暂时赋予群众提升或毁灭力量的空无。

在工具般的组织中结合起来的群众,其特征并不是一致的,从事劳动的工人,按月拿薪的职员、医师、律师等,并不就此而结合形成群众,每个人都是一个潜在的个体,但是工人阶级、医护人员、大学教授等各自结合在一起形成的"群众",却是实际由群体中大多数人决定其全体成员的本质、行动和决策的。我们可以视为当然的是,人性无论在何处,基本上是一样的。平均而言,"群众人"(der Mensch der Masse)显示于大部分人的所作所为：或在一般所买的东西和所消费的东西上显示出来,或是当人必须和"群众中"的人打交道时,由一般所能期望的事上显示出来——且莫说个人的"嗜好"了。正如从一个家庭的预算中可以看出那个家庭成员的喜好,同样地,一个国家的预算(就其由大多数人来决定而言)亦显示出大多数国民的喜好。当一个人告诉我们："这个东西我买不起,但是那个东西我买得起",如果我们知道他要花多少钱,就可以推论出他的特别嗜好。与许多人的接触经验,教给我们看人的一般技巧。几千年来,这方面的判断非常近似。"群众中的"人,让人觉得是由追寻快乐所指引,而他们之所以工作,只是在鞭子驱策之下,为了追求面包或美食而被迫去做的;然而当他们游手好闲没有事做的时候,又会感到无聊烦闷,而会不断地追求新奇的事物。

  一批结合在一起的群众却有和上述不同的性质。在那种意义下,并没有全人类的"群众",只有不同的群众在形成、消失及改换形式。借平稳的效率或有组织的选举而决定何者应发生的自治团体,便是团结在一起的群众,而在每一个这种团体中,个人只能算作许多具有同样力量者中的一个单位罢了。但这些结合的群众,是人之存在某种特定历史结果易变的、各式各样的、短暂的表现。结合在一起的群众,经常能以不同于一般的方式来表现自己,表现他们在非常情况下的能力。虽然,一般而言,群众比起个人要愚蠢,而且没有教养,但群众在特别的情况下,却可能比个人还机灵和深沉。

二、群众的重要性

一方面,人身为群众的一分子,便不再是孤立的自我了。个人融合到群众之中,变得与他独自一人时截然不同。另一方面,在群众中的个人变成一个孤立的原子,他对存在个别的企求被牺牲掉了,从此普遍平等的假象却很盛行。然而,每一个人都不断自言自语:"别人有的,我也要;别人能做的,我也能做到。"因此,嫉妒秘密地持续着,而且贪图更多的东西,追求比别人高一等的权势而引以为乐的期望,也仍然存在着。

这种不可避免的群众效应,在今日借着现代经济社会的复杂结合,得到了强化。群众的法则影响个人的活动和习惯。这种法则,不得不满足一种在某方面被认为对群众有用的功能。群众和其工具组织是我们最感兴趣的目标。群众是我们的主宰;而每一位看表面事实的人,他的存在都得依赖群众,因此群众的思想也必然控制他的作为、他的关怀、他的职责。在一般情况下,他可能会藐视群众,或者他会认为全人类的团结注定有一天要变成一种实在,或者在不否认每个人对全人类负有责任的同时,他或许仍然跟别人多少保持距离,然而,全人类是他永远无法逃避的一项责任。他属于群众,虽然如此,群众势将让他在民众的花言巧语及骚动中跌倒。甚至一批结合在一起的群众,经常会变得没有灵性和不人道。它等于并不存在的生命、没有信仰的迷信。它可以把一切夷为平地;它无意容忍独立和伟大,却很容易强迫别人变成像蚂蚁般的无意识。

当群众——秩序的庞大工具组织一旦巩固,个人便需要为它服务,而且经常得结合他的同伴来使它焕然一新。如果他想要以知识来换取生活,他将会发现,除非他能满足许多人的需求,否则是很难做到的。他必须散播一些能取悦群众的话。群众在餐桌上、在性爱中、在自我肯定的快乐中找寻满足;如果其中的满足有任何一项被剥夺的话,他们在生活中便找不到乐趣。他们也希求某种自我认知的方法。他们希望有人来领导,并使他们都能幻想自己就是领袖。虽然没有期望自由,但他们会很高兴被人认为拥有自由。一个人想要投其所好,就必须制造真正平常的、大众化的东西,即使不能真正合乎一定的样式也无所谓;他至少要证明,某个东西是普遍合乎人性需求的。凡是超越他们理解范围的东西,便是不合乎他们胃口的。

一个人要影响群众就必须采用宣传的艺术。大张旗鼓地喧腾,在今日作为思想性、知识性的运动也是必要的。沉静而不炫耀自己的日子似乎早已过去,不复存在。你必须在大众面前亮相,演讲,致辞,引起轰动。然而,群众工具缺少真正象征性的伟大,缺少严肃的态度。没有人相信节日的庆祝,甚至参加者也不相信。在中世纪的时候,罗马教皇偶尔会像皇族般巡幸欧洲;我们无法想象这种事情会发生在美国——这个当今世界权力的主要中心。美国人对圣彼得的这位继承者,一定不会有太大的兴趣。

第三节 群众秩序与生活间的紧张

一种明确的现代冲突给生活秩序加上了限制,群众秩序造就了一种普遍的生活工具机器(Daseinsapparat),它被证明对真正合乎人性生活的世界是具有毁灭性的。

人生存在于一个社会环境中,他是这个环境的一部分,同时也因回顾与展望而和环境联结在一起。人并不是孤立的存在,他就好比是一个大家庭当中的一分子,或如一个团体中的成员;他是有历史渊源的群体中的一部分。由于传统,他才成为现在的他;这个传统使他回顾自身晦暗不明的起源,并使他对自己的未来和同伴的前途负责。只有通过一种对过去与未来长久的观察,他才可能在那个从过去遗产中构建的世界里获得实质的权利。他的日常生活受到了显然可察觉其临在的世界精神的浸润。这个世界虽然小,但是仍旧是和他不同的东西。他那不可侵犯的领域是一个狭小的空间,这种拥有权使他分享整个人类的历史。

为了供应群众需求而产生的专业生活秩序,从开始就以供应人类日用品的方式来保存他们的真实世界。然而到最后,当个人不再为自己的需要去制造任何东西的时候,当每样东西都只是用来满足暂时的需要,用完后便丢弃的时候,当人们住的房子也是机械化生产出来的时候,当环境失去了灵性特质转为世俗化的时候,当日常的工作不再成为劳动生活中的一部分的时候,那么便可以说,人已丧失了他的世界。如此,他被迫随波逐流,失去了一切对过去,或对未来历史连贯性的感知,人便不能保持为人。生活秩序的普遍化,势将使真实世界中真实的人的生命降格为单纯的功能。

然而就个人而言,人不会让自己为生活秩序所淹没;这种生活秩序只会使他为维系整体而成为一种功能。事实上,他可以生活在群体组织里,借助于他所依赖的、和他共同合作的成千上万的关系的帮助,他的确可以办到。但是,由于他已经成了一部机器中随时可以替换的小齿轮,他的个体性被抹杀了,如果他找不到其他方法可以表现自我,那么他就只有反叛。

然而,他如果要成为他自己,如果他渴求自我表现,那么在一方面,他保护自我的冲动,和另一方面,他真正的自我之间,就立刻会有冲突。当下的自我意志是推动他的主要因素,因为他被一种求利的盲目欲望所鼓动,这种欲望在生存竞争中是随着求好而来的。然而,自我表现的驱力,迫使他陷入那会使他的生计受到危害的、难以预估的危险中。在这两种冲突的刺激压力下,个人的行动可能会干扰到生活秩序平静而稳定的功能发挥。因此,生活秩序的干扰,在一种两面的可能性里有着永远的对立。只要自我意志能提供自我实现本身存在的空间,前者便可以说是后者的主干,并且可能将后者推向毁灭,或者(在有利的情况下)可以使它开花结果。

如果自我意志和存在同时寻求一个属于自己的世界,那么它们和普遍的生活秩序就会互相冲突。但是这个生活秩序也要尽力设法控制那正威胁到它的领域的势力。因此,它和那些并不直接对自我保存的冲动有贡献的事情有很密切的关系。这种自我保存的冲动(可能会不经心地被当作一种为获取生活必需品的生命需求),可以称为"非理性"。当它被人从消极方面来理解时,它便被贬低为第二等的存有;但是,它再一次被提升到某种限制领域内的第一等级;与纯理性的目标大不相同的是,它可以在爱情、冒险、运动和游戏中获得一种积极的兴趣。或者可把它当作不受欢迎的东西来拒绝,这就是我们在那些受到生活忧惧或因工作中缺乏乐趣而受影响的人身上所看到的情形。因此,在这些不同的方式中,它断然地转到全然生命的领域中——否定了在其中沉睡的存在之权利。那些热衷于操纵群众、麻痹群众和个人心思的政权,极力促使自我保存的冲动需求成为一种非认同的满足,并剥夺它的可能绝对性。借着将"非理性"理性化,为了将它恢复为一种基本需要的满足,那种实际不可能的事也有人极力想要达成。结果是,原本刻意要培养成与现状不同的东西,却似乎被尽心的照料所毁。一个科技优势下的猎物,沾染了灰色或斑杂的色泽。在这种情况下,人不再认识自己,他被剥夺了人之所以为人的个体性。但由于这种冲动是无法控制的,它对那些专门用来对付它的法令全然置之不顾。

自我意志和存在(自我表现)的权利主张是无法取消的,一旦群众聚集成形,作为每一个体生活与福祉根本条件的普遍社会结构也是同样不可能取消的。因此,在普遍的社会生活组织和真正符合人性的世界之间的僵持,是免不了的。每一个人都只有通过他人才拥有实在。如果有人确实想要征服他人,他一定会因此而立刻摧毁自己。想要主宰和想要反抗的企图会继续相互攻击,虽然彼此充分地刺激对方,但彼此之间还是会有误解的。彼此的误解之所以避免不了,是因为自我保存的冲动(是一种生命的驱动)和绝对的存在(企求较高形式的自我表现)之间有冲突存在。

生活秩序的限制,只要人充分地意识到自身,就会随处显现出来。

使我们现在所过的生活成为可能的因素,以及因此不可缺少的东西,对人的自我来说都是一种危险。在科技进步的时代,知识的增长和国家机器扩张的支配力量结合起来,虽然使人得到充实,同时也限制了人的潜力发挥。显然,如果没有强有力的领导者出现(有此可能),他很可能会失败。不管怎样,只要他是人,他就必须生活在作为历史环境的世界中,而家庭生活就是这个世界的象征。他知道自己受威胁的事实,从他对生活的忧惧中可以看出来;在他日常的成就中,他能获得自我表现机会的事实,由工作中的乐趣可显示出来;他实现他生命实在的方式,在运动中显露出来。

一、科技进步时代中的意识

就每日生活而言,科技进步的结果使得日常必需品有充分可靠的供应,但是这种结果并没有使我们更愉快,因为这些东西到我们手中,好像是理所当然的,并没有经验到一种积极现实的意义。这些必需品只不过是用金钱立刻就可换到的东西,它们缺少了那种由个人努力所造成的东西的芳香。消费品整批地供应,并被人消耗,用完之后便丢弃;它们随时可以替换,各种产品都一样好,在大量生产制造出来的东西中,人们并不想形成一个独特而宝贵的质量,也不想生产某种具有超越时尚风格的东西,或让人小心珍藏的东西。如此只能满足一般需求的东西,不会引起特别的爱好,而只有在这种东西碰巧发生一物难求的情况时,它的重要性才会被重视。在那最后一点上,一旦供应发生任何差错,范围愈来愈大的普遍囤积措施会增添匮乏与危机的情绪。

在消费品当中,我们区分良好适用和实质上精良的东西——那些已经完全标准化的确定制造形式。这样的货物并不是一从某个杰出的头脑中构想出来就已经完美,它们是持续或许不止一代之久的接连发现和改良的结果。譬如自行车便花费数十年时间,经过不同的革命性阶段(有些式样,现在让我们觉得很可笑),才进步到最后为数有限的式样。虽然大多数消费品仍然因为形式上的不雅、过犹不及的偏差、细节上的不实用、技术方面的不适等理由而令人不快,但理想的东西却能大放异彩,而且有不少东西确实达到了相当完美的地步。当一切都像这样不断改进,对于某一种货品的偏好将变得毫无意义。普遍的形式才和我们有关,而且无论那种形式怎样人工化,这样的东西都具有一种功能上的适合性,这种适合性使得它们看似自然的产物,而非人为的产品。

由于每天发行的报纸、现代的旅游、电影、无线电等的发明,人在技术上征服了时空,人与人之间全面的接触已经成为可能。任何事情都已不再是遥不可及、神秘而又奇妙的了。所有的人都可参与伟大而重要的事件,而成为目击的证人。那些高高在上、担任领导职务的人物,为我们熟悉的程度,就好像是和我们天天见面的熟朋友一样。

这种在科技进步世界中作为特征的心态被人称作实证主义。实证主义者不喜欢废话,只追求知识;不喜欢对意义作沉思,但求敏于行;不问感情,只求客观;不去研究神秘的影响,只求对事实作清楚的肯定。观察研究的报告必须简明扼要,富有创造性,不掺杂感情。一大堆不相连贯的数据,即使是正确的,生产出充作早期教育遗物的结果,并没有任何价值。人们需要的是建设性的思想,而非玩弄文字游戏;要直截了当和平易近人,而不必讲究辞藻。控制和组织才是最重要的。技术领域中实事求是的精神,使得人们熟练地处理所有的事情;有关这类事情的概念,在表达时,得以轻松自如,更使知识规格化;卫生和舒适使得生理和性爱生活都按计划行事；日常公事都遵照固定的规则来办理。想要遵循一般习俗而行，为避免标新立异而惊世骇俗，这一种愿望却造成一种近似于原始时代中禁忌规矩的典型行为。

个人被吞没在功能之中。存有被客体化，因为个体性要是仍然显著存在，实证主义就要受到危害。个人意识被并入社会意识之中，因此只有在特殊情况下，个人才会不带任何自私的成分，在工作中感到乐趣。只有群体才是重要的；而那原本会使个人生厌，甚至无法容忍的东西，一旦成为群体的一部分时，它又变成可容忍的了；在群体中，有新的刺激鼓舞他。他只以"我们"的方式来存在。

真实的人被化约成一般大众，被化约成像一种具有功能、具有形体的生命体，被化约成享乐的琐事。劳动和娱乐的分离，阻止了生活上可能的危机：公众的事物变得纯粹的娱乐化；私事则变成刺激与疲乏的交替，以及对新奇事物的渴望；这些新奇事物就像永不止息的水流，迅速地流向遗忘之乡。根本没有连续性，只有消遣。实证主义同样助长了不断发生在大家身上的冲动：追求上是贪得无厌，追求现代技术的创新，拉拢广大群众；一窝蜂地崇拜杰出个人的成就、财富以及能力；色情的泛滥与兽性化；赌博、冒险，甚至玩命。奖券成千上万地出售，字谜游戏成了人们休闲时最主要的消遣。这种不用个人参与或努力的心灵全然满足，促进了日常工作的效率。疲惫和休闲逐渐步上规律化。

生命在变成一种纯粹的功能时，便丧失了它的历史特性。生命力最强和性爱机能最旺盛的青年阶段，变成了一般大众希求的生命形式。当人只被视为一种功能时，他必须是年轻的；而一旦不再年轻,他仍然会尽力表现出年轻的外貌。除此之外,最重要的理由是年岁不再具有价值。个人的生命只有短暂的体验,生命暂时的延伸是一种偶然的延续,它并不像在生物阶段的基础上,那种不可变更的决定一样,被人记住和怀念。因为人这个存有不再具有任何特定的年龄,他总是同时处于开始和结束上;他可以一会儿这样做,一会儿那样,一会儿又另一个样;似乎任何事情随时可能发生,但是没有一样是真实的。个人不过是千万人当中的一个,他有什么理由认为自己的所作所为有任何重要性?就算是有了不起的作为,它来得快,去得也快,不久就会被人遗忘。因此人们往往行动举止像是同一个年纪。小孩喜欢装成大人模样,并且自动加入大人的谈话。上年纪的喜欢装得年轻些,当然年轻人一点也不敬老尊贤。这些老年人并没和青年人保持距离,给他们树立榜样,反而喜欢装出一种朝气蓬勃的气势,但这种气势实际上只适合年轻人,而与自己的年岁不相称。真正的年轻人想要保持自己与众不同的身份,并不想和年纪大的人不分彼此地混在一起。年岁需要形式、真实感和它自己命运的连续性。

由于实证主义普遍要求事物应简单明了,因此有意建立一套可以表达所有人类行为模式的"共通语言"(Weltsprache)。不仅流行时尚,而且社交的规矩、仪态、成语、传达讯息的方法等都趋于一致。现在有一种公认的社会规范:礼貌性的微笑、镇定的态度,切勿急躁与争先恐后,以幽默的态度化解紧张的场面,在合理的范围内尽力帮助别人,不论人非,在人群聚集的场合自发地维护秩序与和乐的气氛。上述规范都有助于建立多彩多姿的小区生活,而且实际上都实行了。

二、体制的宰制力

由于供应人生基本必需品的庞大生产机制（der Riesenapparat）将个人化约为纯粹的功能，它让个人免除了去遵从传统标准的责任；这个古代的传统标准便是社会的黏合剂。曾经有人说过，现代人就像一盘散沙一样聚合在一起。他们是一个体制中的分子，他们在其中目前占着一个位置，下一刻换另一个位置，却从未对历史有任何影响。这种生活上没有根的人数目愈来愈多。到处碰壁，长期失业，所剩的只是苟延残喘，他们在整体之中，已不再具备固定的地位或身份。所谓天生我才必有用的说法，对他们来说，只是一句骗人的话，只可用来安慰那些自认为被遗弃、无依无靠的人。一个人现今所能做的事情，只有那眼光短浅的人才能做到。他确实有职业，但是他的生命并没有连续性。他所做的事，是为了美好的目标而去做的，但一旦完成，却不再过问。同样的工作可能被人以同样的方式重复许多遍，但是我们可以说，这种事情无法以如此密切的方式来重复，以至于成为当事人人格的一部分；它并不导致自我的扩张。已经完成的事情并不重要，只有那些正在进行中的事才有意义。遗忘是这种生命的基础，它对过去的回顾与未来的前瞻在内心中萎缩了，除了赤裸的现在，没有其他东西。因此生命在没有回忆和远见的情况下流逝，对社会体制所扮演的角色缺乏果断与抽象的反省，更欠缺这种反省所产生的动力。对人对事的爱，消退以至不见。机器生产的东西，一经制造出来，并经人消费，转眼就不见了；所有剩下来、看得见的东西，就只有那些用来制造新产品的机器。在机器旁的工人，专注于直接的目标，他没有时间或机会来思索整个人生的问题。

当一般功能性的能力变成了成就的标准，个人却受到漠不关心的对待。没有任何人是非有他不可的。他不再是他自己，他不再具有真正的个体性，他就像一排别针中的一个，只是一个具有普通用途的东西。那些注定了要过这种生活的，就是那些并不真正想要成为他们自己的人。他们具有偏好。似乎世界必须交由平庸者来治理，交由没有天生好命、没有社会地位或影响力、没有真正人性（ohne eigentliche Menschlichkeit）的人来治理。

这样和文化隔绝开，并被化约到事物层次的人，仿佛已经失去了人性。实质存有的真实性都无法投合他的心意。无论在愉快或不愉快的环境中，无论奋发向上或倦怠，他仍然不过是日常工作上的功能罢了。只是他一天天地生活下去，唯一可能搅动他在履行日常工作以外的欲望，就是在体制中争取到最有可能得到的好位置。那些安于现状的群众，与那些拼命要力争上游的人是截然不同的：前者是被动的、墨守成规，并且自得其乐的；后者却是积极的，受野心及权力意志所驱使，被满脑升迁的意念和自身精力极端的紧张所折磨，像火焰般地燃烧着生命。

整个社会机器是由科层体制所导引，而它本身同样是一个工具般的机器——人类被化约成了工具；在较大的体制中，所有的工作者都依赖这一个机器。国家、都市、制造业和企业都由科层体制所控制。今天的人们都以协作的方式参与群体的劳动，他们的工作必须被组织起来。那些蹿升到高位的人获得了出头的机会，并享受较高的待遇，但是在根本上，他们仍然是他们职务上的奴隶，这些职务只要求比较敏捷的才智、比较专门的才干，以及比群众更积极的行动。

体制的主宰力量,对那些具有钻营能力者是有利的;对有远见者和冷酷无情者,以及洞悉一般人性并因而能巧妙地对付各种人的人,是有利的;对那些准备好并愿意在某方面获得专业知识者,那些毫无顾忌却能为主要的机会竭力争取者,以及那些不眠不休、一心一意想要出人头地者,也都是有好处的。

还有更进一步的条件。那有心的钻营者,必须要让自己受到欢迎。他必须去说服,有时甚至要同流合污;要能帮助别人,使别人少不了他;要能克制自己的唇舌,说话婉转,有时扯个小谎,不过不要太过分;要不懈地去找理由——恰当的理由;还要不时诉诸感情,要能卖命工作让上司满意;除非上司期望如此,尽量不要太独断独行。

由于几乎没有任何人生来就会发号施令,并被教导命令别人,而且由于社会体制中的高位必然由野心勃勃者递补,这种领导地位的获得乃根据行为、本能、评价而定,这也是妨碍真正自我成为负责领袖的决定因素。幸运和机会有时会导致进步。然而,一般而言,竞赛中的胜利者具有不愿让别人成就他们真正自我的性格。因此,胜利者往往藐视那些以适当自我表现为目标的人,说他们是自命不凡、行为怪癖、具有成见、不务实际,并以虚假的绝对标准来衡量他们的成就;他们在人格上值得怀疑,他们被扣上煽动的罪名:是扰乱和平的分子,是翅膀硬了就会飞走的人。因为只有那些牺牲自我的人才会"成功",而功成名就者是不会容忍属下自我表现的。

结果,在体制中特殊的晋升方法,决定角逐高位者的人选。因为任何人要是自己无心向上,是不会出头的;然而,"有心出头"却被认为不好,习俗的看法是,角逐者应该表面上等待着别人征召他。而每个人必须解决的难题是,如何将自己置身于一种从外表上看,对升迁无动于衷的态度中。谣言往往是在无心的谈话中不知不觉地造成的。假设总是在一种平常的气氛中被人提出。人们开始做某件事时,总是说"我真是没有想到会如此",或者"真是料想不到……",等等。如果建议没有结果,实际上并无妨害。如果一方面有了结果,人们就会尽快开始谈论一项具体的建议,宣布已经作出某项提议,并且对外宣称,像这样的预期比任何事情更难以令人想象。热衷于权位者,往往要让自己习惯做个两面人,并且说两种话。他要尽可能地建立起愈多愈好的承诺关系,如此一来,他才有可能充分利用其中某些关系。我们并没有得到那些真正寻获自我者的友情,我们拥有的只是那种"你对我好,我才对你好"的虚假友谊。因此,最重要的是,不在别人兴头上浇冷水,要学会成人之美;对人在态度上要谦恭有礼;当见义勇为,当仁不让;对公益事业应热心参与、互助合作。

三、领导阶层

如果全面生活秩序的发展,使得全世界每一个人都涵盖在其约束之下,人类的最终结局便是自我绝灭。那样的话,甚至社会体制也将因人类的毁灭而无法继续存在,一起跟着毁灭。真正的组织能够给每一个人指派职务、工作分量以及消费数量,但是它不能自行产生领袖。一般没有反省思考能力的人,只是在无法发挥所长的情况下尽自己最大所能,并没有人教他为自己打算。他必须在一个群体中工作,这个群体对他而言,是独立自存的。置身在一个受到外来意志左右的社会体制中,对于指派给他的工作,他受到束缚,不得不乖乖地去做。如果任何决定对他作任何要求,都是看着他的职务功能而随意指定的,而他自己却不用追根究底、探问理由,在他路途上的种种困难,都被那些为指导他而定下的规定和规矩,或者那种盲目听命的逆来顺受态度一扫而空。然而,只有当发号施令者在下达命令时,有着充分的责任感,而那些服从命令者,也充分了解何以要如此做的理由时,真正具有创造行动的社会才能实现。简言之,只有那些真正实现自我的人才可能达到目标;只有在领导者熟识几位具有独立判断力并能信赖的人,并与他们一同追寻内在的声音时,才能达到。另外,当社会体制变得至高无上,而且个人行事不再担心别人以成败论英雄时,便失去了自发创造的动机。然而,就算社会体制需要没有创造性的工作,只要在关键问题上,有某些领导者能与属下同甘共苦,来奠定其领导地位,这种工作还是能有其成就。如果在未来的日子里,找不到这种人(因为从年轻时开始,他们就被剥夺了自我发展的机会),那么体制本身就会瓦解。自我表现者的独立性,对体制的平稳运作是一种危险;对于体制在必然的转化过程中适当的运作,独立性显然是从根本上不可缺少的。

因此在群众治理下,以及在体制的主宰下,个别领导者的重要性仍然存在;但是在特殊情况下,领导人的挑选却是有决定性作用的。在与有能力者对比之下,大人物退居到幕后去。供应群众生活必需品的体制,在各方面都有一些人来提供服务与管理,他们对自己职务的充分了解,才是促进整体成功的根本因素。群众的力量,透过群众组织、大多数人、舆论,以及广大群众的实际行为等的帮助而发生影响。然而,这种力量,往往只有在某个人使群众明了自己的真正所需而成为他们的代言人时,才发生作用。在体制中,领导者个人的目标与广大群众的需求很少有符合一致的情形,而且很少有领导者能不断为谋求大众的利益而努力,并因此维持自己的地位;然而,像这样的领袖,是时时需要的。"适才适位"往往是可遇而不可求的。对领导者来说,往往是时势造英雄,至少暂时少不了他。然而,最终权力仍操在群众手中,即使在特殊和暂时的情况下仍须由个人来决定一切,群众的同意还是必需的。如果这位领导者,只有通过长期培养来管理群众,并经常要注意群众的愿望,才能获得这个具有影响力的职位,那他就得调适他的个性,并且尽量不去违背民众的需求。在他心目中的自己并不是一位具有独立自我的人,而只是那些支持他的群众的代表。在根本上,他和任何个人一样无能为力,他只是群众一般意愿的执行者罢了。没有民意的支持,他无足轻重。他的潜力并非由某种理想来衡量,也与一位真实临在的超越者无关,而是根据他对在大多数人身上表现的以及行动中作主导的基本人性的看法而定。现在这种"领导"的结果是一团混乱。在生活秩序的分歧处,问题是创新或没落。这位领导者,对培养一位能自动自发、认清方向并走出一条自己路子的新人,是具有决定性作用的(虽然他选择的路子可能与群众的意愿相违背)。如果这种人没有出现,可悲的毁灭下场将无法避免。

在群众组织中,统治或领导阶层都像幽灵般隐而不显。有些人提议彻底废除领导阶层(Herrschaft überhaupt abschaffen):"打倒领导阶级!"(*A bas les Chefs*!)那些提出这种口号的人,对事实是视而不见的,因为没有领导者,没有统治者,人类群体根本不能生存。因为没有能干的领袖,会到处出现分裂,人们只做表面功夫,并出现各种欺诈的行为;而龌龊的讨价还价、做事拖泥带水、姑息养奸、考虑欠周的决策,以及招摇撞骗等事情也将随处可见。我们不时发现,因为自私自利而来的各式各样贪污腐败到处都是。这种情形之所以会继续存在,是因为得到大家的默许。如果某件丑闻被人揭发出来,便会有一阵子的骚动,但由于大家都知道,这种丑事只不过是社会根深蒂固宿疾的一个征兆,这种骚动很快便平静下来。

  那些愿意负责的人太少了。那些凭着机运而爬上领导地位的人,若是没有得到保证,便很少作出任何决定。除非得到某个委员会支持,他们是不会有所作为的,而且他们每个人都尽量推卸责任。在幕后真正握有最高权力的是广大民众,他们似乎通过选举过程而统治。但在其中真正存在的,既非群众的统治,也不是他们认为恰好可以履行他们责任的个人自由。我们所有的则是一种方法或制度的权威,这种权威被视为是神圣的,因为一般公认它可以促进大众的利益,每个个体在决策上,就像一个小齿轮一样微不足道,因而实际上就没有人有权来裁决。人民只有在这种意义上才是实际的参政者,先让事情自由发展,而后干预仅限于制止现实情况的盲目发展。有时候个人获得了非凡的权势,但由于他对生活在群体中的这个位置还没有心理准备,在这种机缘造就的情况中,他只有为了私利或配合理论教条来使用这些权力。不管是谁,只要成了名,所到之处便会引起骚动。就算没有什么大不了的事情发生,群众也会欣喜若狂或是情绪激动。除非领导者想要以个人的意志，根据普遍的生活秩序来统治，否则群众便如坠入云里雾中，茫然而不知所措。

四、家庭生活

家庭是爱情发展的结果，借着爱情，个人与其家庭中的其他成员终生坚贞不渝地厮守在一起。家庭的目标是教育子女，使他们融入其所隶属的社会传统实体之中，如此可促进人际经常的相互沟通。

在家庭中，我们认清了共同的人性中最根本的成分，以及其他一切成分的基础。这种原始的人性亲切态度，在群众中不知不觉地传播开来；它完全自给自足，在各种情况中都以一种不同于他人的命运来和自己的小世界相连。那也是为什么今天婚姻的重要性比以往要大得多，因为过去的人比较热衷于参与公共福利事业，而这种精神也是促使社会安定的更有效因素，因此婚姻不如现在重要。今日的人，已经多少重回到他起源的狭窄空间中，他在那里决定他是否要继续像人一样存在。

家庭需要自己的住处、生活秩序、团结一致、相互尊敬与信任等，所有的人借着相互间的义务，从家庭中获得稳固的立身之处。

甚至目前，人们以一种坚忍不屈的精神固守着这个原始的世界，但是，使世界分崩离析的趋势，与使一种普遍生活秩序成为绝对的倾向，都成正比地增加。

让我们先讨论外在因素。民众群集在像营房似的屋子中，本来应该是家的地方变成不过是栖身之所，日常生活中与日俱增的专业化，往往使人们对他们无意间改变的环境漠不关心，而且不再认为环境是在精神上与他们血肉相连的。那种宣称为了更广大的团体利益而努力的权势助长了个人的自私,却牺牲了家庭,并不择手段地让子女反抗家庭。学校教育,已不再像过去一样被认为只是补充家庭教育的不足,反而被认为比家庭教育更重要。最终极的目标变得明显,即将子女与他们的父母分开,使他们能发展成纯儿童的团体。人们不再畏惧离婚,不再忌讳放纵淫欲、堕胎、同性恋、自杀等行为。这种畏惧本来是保障家庭的,现在它们被人们认为是无所谓的;纵使有人谴责,也多半是以一种假道学的态度来谴责,或者把它们当作群众伦理的部分而漠然接受。要不然,我们就会发现一种轻率的反应,即把堕胎与同性恋完全纳入刑事处罚;实际上,这些行为只触犯了道德,不必然属于刑法的范围。

　　家庭分崩离析的倾向自从发生之后,愈来愈严重。这种倾向的发展是无法避免的。它之所以产生,是由于家庭中的个人顽固抗拒普遍生活秩序的潮流。婚姻是当代人所必须面对的一项最棘手的问题。我们不可能预测,有多少人天生就无法解决这个问题。无疑地,有许多人会陷入深不可测的痛苦中,他们失去了接触培养自我最重要的、公开的和权威的精神。更要牢记在心的是:由于妇女的解放以及妇女在经济上的独立,婚姻愈来愈难以维系。因此,现在有很多不结婚的女人,愿意并且心甘情愿地满足男人的性欲。在许多情况下,婚姻不过是一纸合约,毁弃婚约,对丈夫而言,只意味着要付出一份赡养费而已。伴随结婚证书的增加而来的,是对离婚简化的要求。婚姻关系破裂的一个征兆是,讨论婚姻的图书的增加。

　　由于这种混乱,整体生活秩序的目标便是重新建立秩序,这种新秩序唯有通过个人的自由及教育所启发的个人根本价值才能形成。因为耽溺情欲，很可能会破坏所有的关系和情分，理性化的生活秩序一直试着要去控制这种危险的非理性。甚至性生活，也因生理卫生以及各种规定而要讲求技巧，使性生活尽量增添情趣并减少冲突。像费尔德的《理想的婚姻》（*Die vollkommene Ehe*）一书，乃针对夫妇结合的性技巧加以描写，便是我们这个时代和想要拔除它的非理性毒刺尝试的征候。我们不得不认为，这本书的内容受到天主教神学家的推荐，是件意义重大的事。在婚姻中实现自身的无条件性，同时因为宗教将婚姻视为次等生活的贬损（只有经过圣职人员的许可，才能免于不贞和罪污的生活），以及因着爱的技巧化是一种危险的非理性，被无心却彻底地否认了。宗教和技巧在此不知不觉地联合起来，反对爱情作为婚姻的基础。如此看来，婚姻没有必要合法化，因为作为存在的起源，婚姻具有决定生命真实的无条件性——这种性质或许只会保证短暂的性爱快乐。唯有通过存在的自由抉择来保证的爱情，才不会贬损性爱，不会听任它的肉欲需求将性爱并入它自身之内。

凡是抛弃家庭和自我的纽带，而不从根本上成长为一个整体的人，只能生活在可期待但又捉摸不定的群众整体精神之中。如果我这么做，我会注意普遍的生活秩序，努力从中得到每一件东西，同时背叛我自己的真实世界，并放弃我对它的要求。当我对家庭不再信赖时，当我只像阶级、利益团体以及企业中的功能而生活时，当我全力追求权势时，家庭就破碎了。那种只有通过整体才能得到的东西，并未使我免除需求；我也应该把这种像是可通过我自己主动而获得的东西完全承担下来。

普遍生活秩序的限制,因此是由个人的自由所加上的,如果人要继续为人的话,他就必须从他的自我中引发出别人所无法从他身上引发出的潜力。

五、生命的忧惧

在生活秩序的合理化与普遍化的过程中,与此种不可思议的成功同时出现的,是一种大难即将来临的意识,这种意识也就是一种对"一切生命价值即将毁灭"的忧惧。不仅社会体制在改进的过程中似乎预示了一切都将毁灭之兆,甚至体制本身也受到了威胁。一种怪异的情况因此产生:一方面,人无法离开社会体制而生存;另一方面,不管体制本身是改进还是瓦解,二者同时都显示对人类具有毁灭性。

由于个人无法对"成为一种与自身源头断绝的单纯功能"感到满足,如此悲惨的未来展望更使他充满了忧惧。一种或许无与伦比的强烈的生命忧惧感阴魂不散似的盯着现代人,总是挥之不去。他因不久的将来可能无法获得维持生活的必需品而惊恐。由于这些物品的供应备受威胁,他比以往任何时候都更加注意这些东西;除此之外,他心中还有一种截然不同的忧惧,亦即一种他不敢面对的自我忧惧。

忧惧与每件事都摆脱不了关系。所有的犹豫不定都沾染上了忧惧的成分,除非我们能忘掉忧惧。牵挂使我们无法适当地保护自己的生命。那种过去相当普遍但不受指责的残酷行为,已经比以前少见了,但是我们发现,那些目前仍然存在的残酷暴行却似乎比以往更加恐怖。凡是想让自己生存下去的人,必须出卖自己的劳力直至极限，必须毫不懈怠地工作，并得向愈来愈大的压力低头。每个人都知道如果一个人在竞赛中落后的话，就注定失败，再也没人理会；凡是年过40的人都会感到时不我待，活在世上已经没有多大用处。的确，我们有社会福利机构，有社会保险制度和可供储蓄的银行等，但公家的福利和私人的义举所能提供的，远非公认所能维持生活水平的程度，虽然不可能再有饿死人的事情发生。

生命的忧惧与身体脱不了干系。虽然统计学家声称平均预期寿命已大幅度提高，我们对生命的不安全感却与日俱增。人们求医的次数远远超过医学和科学观点所认为合理的程度。如果一个人只因为不再能够了解生命的意义，就认为他的生活在精神上无法接受、无法容忍，他就会以生病作为逃避，作为有形可见的保护措施。因为在那些使他内心挣扎的临界境况中，人需要的不是自由的自我，就是某种客观的支点。

忧惧或焦虑增加的结果，使得受害者深感自己的渺小，甚至一无是处，因此所有的人类关系似乎只有短暂的有效性。使整个人类连结成一体的工作，只是短暂的延续。在性爱关系上，责任的问题被人彻底遗忘。焦虑的受害者不信任任何人，他不会跟其他人有绝对不变的关系。一个人要是不去参与别人所从事的活动，便遭人遗忘和孤立。被牺牲的威胁引起已经完全被人遗忘的感觉，这种感觉，使得身受其害者从轻率的得过且过态度转变为喜欢讽刺挖苦的冷酷无情，最后也变得焦虑起来。总之，人生似乎充满了忧惧。

焦虑干扰了那身为部分生活秩序、为安抚人们并使他们忘却焦虑而设的各种不同机构的运作。我们所说的组织，其设立目的就在于唤起一种归属感。体制、组织让它的成员得到安全感。医师尽力要说服病患或那些自以为有病的人摆脱死亡的恐惧。但是这些机构,只有在个人的情况良好时才能有效发挥作用。生活秩序无法驱除属于每个人命运一部分的忧惧。这种焦虑只能由比较高超的忧惧来控制,而此种忧惧是人在受到失去自我的威胁时所感受到的,如此引发了一种凌驾于一切之上的,宗教或哲学的自我提升。当人的存在陷于麻木不仁时,生命的忧惧却没有停止增长。生活秩序无所不在的宰制力量会摧毁人的存在,而不用将人从生命的忧惧中解放出来。的确,造成无法控制的生命忧惧的原因,在于生活秩序变成绝对的这种趋势。

六、工作乐趣的问题

自私和任性在工作愉快的心情中会减至最低的程度,若是缺少这种工作的乐趣,个人终究会垮掉。因此维持工作中的乐趣,是科技时代一项根本的问题。它的迫切性经常有人提起,但是对于所有的人,它却是永远无法彻底解决的。

人们无论在哪里,如果沦落到只要做好分派的工作的职务时,那么到底要做一个人还是要做一个工具的冲突,就会在个人的命运中扮演决定性的角色。当个人的生活获得了新的重心,工作中的乐趣就成为相对的了。社会体制将这种生活强加在愈来愈多的人身上。

然而,要确保所有人的生计,必然会有某些职业,其中的工作不只是分配后照着做就好的;这些职业的实际成果,是无法以客观的标准来恰当评估的。譬如医师、教师、传教士等的工作便无法合理化，因为在此我们面对的是：存在着的生命。像这些为个人服务的职业，由于专业分工的隔阂，加上专门人才和产量的增加，首先而立即发生的结果是，实用性的工作同时减少。的确，群众秩序免不了会要求物质财富分配的合理化。但在我现在谈到的职业中，最重要的问题是，这种合理化的过程能行多远，以及为让个人发挥自己的才干而不只盲目服从指示，自我限制的程度有多大的问题。在此，工作的乐趣来自于：人自身的存在与工作者毫无保留地献身于一项活动之间所具有的一种和谐。这份工作上的乐趣一旦因普遍秩序的运作而使整体不幸被分割成部分的功能，就会破坏无遗，而那些执行部分功能的人却可以随意替换。当这种情形发生时，整体的理想就烟消云散了。以前为了持续建设性成就而要求以整体为赌注的事情，现在已经沦为一种装饰品了。今天，那些为真正实现职业理想而努力的人所产生的抗拒仍然是分散无力的，而且似乎确实在不可避免地不断减弱之中。

　　举例来说，我们可以谈一谈那些在医疗业务上所发生的变化。今天的病人大部分根据"合理化的原则"，被以群体的方式来对待。通常他们到医院求诊，依病症划分科别，而被指定到不同的科室去医治。如此一来，病人便被剥夺了由他指定医师的权利。其中的假设，就像别的东西一样，把医疗当成一种制造的商品。人们试图将原来对某个医师的信心转变成对某家医院的信赖。但是，医师和病人都不愿意自己成为"输送带"上的商品。的确，在意外事件上，提供紧急救助服务能更有效地发挥作用，但是医师为病人延续生命所提供的最重要的救助，却不是用"自动输送带"的方法所能达成的。医疗业务庞大的"企业"就在机构、官僚和一大堆规定的形式下兴起了。采用不断推陈出新的医疗方法为大多数病人治病的趋势,正好符合那些受过学校现代科技训练群众的愿望,也符合那些"全民医疗"支持者的愿望。"企业"已经取代了个别化的照顾。如果我们追究这种做法的逻辑结论的话,那些受过彻底训练而有道德良知的医师很可能会消失殆尽。因为这种医师不仅对他的个人责任要在言词上冒险,而且真正要负起这样的责任,这样一来,只能照顾数量有限的病人(唯有在数量上限制,医生才可能建立个人的关系)。

在人道主义的立场上从事业务的乐趣,被某个领域中因技术成就所产生的工作乐趣取代了。在这个领域中,自我与工作之间已经有了裂痕。在其他同样的活动领域中,这种裂痕无可避免地影响了成就。无可避免的限制被强加在将医疗活动纳入生活秩序的过程中。公共福利措施一旦被滥用便会垮掉。尽可能榨取公共服务的利益,误导了病人和医师。为了享受生病的福利,没病装病的现象产生了;医师往往以极快的速度给最多数量的病人看病,因为唯有以这种方式,他才能靠病人所付的些微费用来维持生计。因此有人想尽种种方法,以更进一步的立法和控制来阻止这套制度的滥用,结果更加限制了这种工作的可能发挥——而这是只有真正的医师才能做到的。最重要的是,那些真正的病人却发现,愈来愈不可能在这种服务方式下从医师那里得到彻底的、合乎科学的而又恰到好处的治疗。制度上的安排使得真正的医师无法存在,而一旦真正的医师不存在,病人的权利便被剥夺了。

其他行业若要去研究的话,也会同样地显示出,自己行业的真正精神普遍受到现代发展的威胁。从根本上来说,这种工作中职业性乐趣的消逝,与生活秩序的限制有关,这种限制在此一点帮助都没有,却很容易摧毁它本身所不可缺少的东西。被剥夺了机会的个人因此会产生深深的不满;同样的,医师和病人、教师和学生等都有类似的不满。他们无论如何卖力工作,都仍然会缺乏真正的成就感。我们愈来愈发现,个人创新才能的成果唯一可能存在的方式,是被转化成集体事业的成果;期望能经由集体的方式获得一个尚在雏形的目标,却显然相信,群众会因为自己仿佛是少不了的人而感到满足。职业的理想凋谢了。专业的人才全身心奉献于特殊的目标、计划和组织。当机构似乎合乎完美的专业化秩序,而在机构内工作的人却难以生存下去时,所造成的祸害是极大的。

七、体育运动

自我保存的驱力,就其为生命力的一种形式而言,在运动中为自身找到了机会;就其为目前生活满足的一种迹象而言,它在训练、才艺能力、技巧等方面也为自身找到了发挥的机会。通过属于意志控制的身体活动,精力与勇气得以持续,而追寻接触自然的个人拉近了与宇宙自然力量的距离。

从群体的现象来看,运动仿佛是根据规则来玩的游戏,它按照强制性的方式来组织,它为人体内的驱力提供了一个发泄的出口;不然的话,这些驱力便会危害到社会体制。运动作为主要的休闲,让群众保持平静。这种在新鲜空气和阳光下活动的生命意志力,可获得与这种生活共融的享受;它与自然的关系,并不像一个待解的密码一样费人思考;它让成果丰硕的独处结束。格斗本能和运动中求胜欲望的发挥,都要求最高超的技巧,每个竞争者都希望具备凌驾他人的优势。对那些受到这种驱力鼓舞的人而言,最重要的便是创下纪录,成名和喝彩是绝对必要的。遵守竞赛规则的必要确立了对良好形式的服从,多亏这样,那些有助于社交的规则在实际生活的竞争中同样为人遵行。

个人冒险的行动向人炫耀那些群众无法做到的事情,但是这种行动却是被群众当作英雄行径加以崇拜的,并且如果可能,他们也愿亲身尝试。这些榜样,像登山者、游泳者、飞行家、拳击手等,都是以自己的生命作为赌注的。群众在看到这些人的成就时,都会为之疯狂、惊叹和钦羡,然而他们却是受害者,他们内心之中不时会有一股神秘的盼望:或许自己也能做出了不起的事情来。

推动运动嗜好的共同因素,很可能和古罗马时代吸引群众到竞技场上欣赏格斗有同样的理由,也就是在目睹与观众本人命运无关的危险和竞技者的毁灭时所感受到的乐趣。同样的,群众的野蛮也表现在对阅读侦探小说的喜爱上,对罪犯审判报导的狂热兴趣上,对荒谬、原始和暧昧之事的偏好上。

即使如此,现代人在运动方面的种种活动,通过他对前述群众本能从运动所获效益的了解,至今还没有完全让人理解。人类在运动上所追寻的,只不过是为他的自我保存冲动找一个代替品罢了;我们看得出,在运动的活动中,总是有一些了不起的事。运动不仅是比赛与创纪录,也是一种提升与调剂。今天每一个人都需要运动。甚至过分复杂的生活,在自然冲动的紧张下,也要拨出时间来运动。的确,有人把现代人的运动与古代人的运动作比较。在古代,运动可以说是非凡人物对于他神性源头的间接参与,而今天已不再有这种想法了。然而,就连现代人也极力在各方面表现自己,因而运动变成了一种哲学。他们起来反抗任何拘束、束缚或限制;他们在运动中寻求解放,虽然运动缺乏超越的实质,但是它仍具有前面提到的提升的要素——潜意识里希求的,虽然没有共同的内容——它是一种对呆滞、僵化的现状的反抗。当社会体制毫不留情地对个人一一加以摧残时,人便起而要求自己的权利。因此现代运动,虽然各自的历史起源不同,却包含在一个使它在某方面与古代运动类似的环境中。现代人在从事运动时并不会变成一个希腊人,但是在此时,他却不只是一个热衷运动的爱好者。当他从事运动时,他仿佛是一个被生命紧身衣套牢的人,处在积极战斗的持续危险中,但是他却没有被那几乎无法忍受的命运击倒,反而亲自迎战,毫不畏缩地掷出他的标枪。

虽然运动在合理的生活秩序中加上了一种限制,但是仅仅通过运动,人还是无法赢得自由,不是只借着保持身体健康在生命中力争上游,并在竞赛中小心谨慎,就可以克服失去自我的危险。

第四节　稳定生活秩序的不可能

如果人生可以很满意地来安排,我们就必须预设稳定生活秩序是可能的。然而,很明显,这种稳定的情况是根本不可能的。人生从根本上是不完美的,而且就我们所知,也是难以忍受的,因此要不断地尝试,以新形式来塑造生活秩序。

即使专业的社会体制也无法保持定局。我们或许可以把我们的地球想象成一座由人类群体来经营的庞大工厂。在这样的星球上,任何纯粹及绝对自然的东西都不再存在。制造机具的材料,当然也是大自然的礼物,但是一旦为了人类的目的而运用,它就会被耗尽,并不再具有独立的存有。留在世上的,就只剩下那些已经被人塑造好的东西了。世界本身就像是一幅人造的山水画一样,在时空中,只包含这个人造的机具——一个独特的产品,它的每一部分都会借着不断运作的传播媒体彼此保持联系。人类为了继续为他们自己制造生活的必需品,借着他们共同的劳动,被体制所束缚。如此,才会造成一种稳定的情况。我们可以假设世界上所有的物质与能源都可以毫无保留地继续使用下去。人口会由节育来调节。优生学和卫生学会精心培育最优秀的人种。疾病,一定会被根除。还会有一种计划经济,借着义务性的社会服务,使所有人的需求得到供给,我们不必再作进一步的决策了。在一代生一代的循环过程中,一切事情都将保持不变。不必努力,也不用冒险,只要付出些微的劳力以及保证充分的休闲时间,生活的乐趣就会以不变的分配方式提供给所有的人。

然而,事实上这种事情是不可能的。它被无数自然力量的运作所阻拦,这些自然力量毁灭性的效果对科技的灾难会变得更加强烈,也可能由技术上失败造成特别的不幸。或许科学上对抗疾病的持续努力,暂时看来,似乎获得了表面上全面性的成功,却剥夺了人类的免疫能力,一旦有意想不到的瘟疫流行,就会使整个人类绝灭。认为人们会普遍而且无限期地进行节育的想法,太过于一厢情愿;那种由于人口无限制地增加而必须面对的挑战,由于生育意愿的影响会一再出现;这种生育意愿,在某些种族当中要来得更强烈。优生学将证明,无法阻止弱者的生存,也无法防止哪个种族的退化,这种倾向在现代文明的环境中似乎是不可避免的——

因为没有客观的价值标准来指导我们作优生的淘汰，而这种标准的观念，在考虑人类所源出的原始民族的多样性时，变得几乎不可思议。

我们也无法设想会带来意义的任何永久情况。技术的进步并没有创造一个完美的世界，反而在每一个阶段都引出新的难题，而随之又给不完美的世界带来新的课题。不仅那改进的技术对它自身不够完美日增不满，而且在失败的痛苦中，它还必须忍受不完美的事实。不管科技一时之间能达到怎样的成就，若是没有发现、发明、计划和创新的精神，它是无法继续存在的。而这种求新求变的精神，会迫使科技超越原有的境界。

我们从一项对整体的研究得知，人类永远无法确实建立一个彻底计划的生活秩序，只要这个秩序本身由内在对立而一分为二时，就会如此。这种互相残杀斗争的结果，造成生活秩序许久以来一直无法避免的不完美。我们不仅发现在实际情况中，国与国争，党与党争，国家意识反对经济利益，阶级反对阶级，以及不同的经济利益团体彼此反对，而且发现赋予我们生命的力量本身也充满了对立。作为个人行动推动力的私利，一方面是推动公众利益不可少的条件，另一方面，它却摧毁了这同样的条件。秩序井然的政府机关，由于其中每个人的职权都经过严密的划分，它反对自发的精神，反对个人的冒险精神，这些都威胁到井然的秩序；然而机关本身若没有这种自发的精神，便无法适应外在环境中不断变化的情况。

除非组织受到相对势力的牵制，否则会破坏它原来所要保障的人权。一个蜜蜂的社会作为静态的结构是可能的、可不断繁殖的，但是人生——无论其作为个人或作为整个社会来说——只有在历史的命运中才是可能的，只有在科技成就、经济企业、政治法令等种种层面中才是可能的。

  人只有在运用自己的理智，并在同伴的合作下，致力于群众需求的供给时，才能生存。因此，他必须尽力奉献自己为世界谋福利，至死方休。他必须努力超越任何限制，才能建立一个秩序井然的世界。生活秩序的限制，在这方面成了他的敌人；然而，由于他并未全心投入这个秩序中，他本人同样要受制于这种限制。如果要完全克服这个生活秩序的敌人，他就会毫无希望地被吞没在他自己创造的世界中。人在意识到自己受到这重重限制以前，是不会体会到一种真正的精神处境的。当生活不但没给人带来圆满，而且不断给人带来新的矛盾和冲突时，他才算是真正地生活在自我之中。

第五节　现代人的诡辩

  对于经济力量、群众、社会体制、机械化等存在的理解，通过研究，已经促进了一门自称为普遍有效的科学的成长。事实上，这门科学所具有的实在性，是非常有力的。它已经成为一种新的、精神的力量。然而，就它声称决不止于有目标行动的合理化控制这件事而言，可以说它已经成为"精神不接受，就得抗拒"的一种信条或信仰。当特殊的科学研究（只要与这方面有关）花在针对经济力量的质与量的探讨上时，在我们对精神处境的意识中最重要的是：这些经济力量以及它们的结果，是否对人类是唯一，而且具有普遍牵制力量的实在——此一问题究竟要如何答复？

那种认为一种无所不包的生活秩序具有绝对有效性的主张，是以下面的说法为基础的。人生可以被看作是人一切基本生活需求的有意满足。人的心灵进入了这个世界，声称这世界是他拥有的。工作中的乐趣非但不应该减少，反而应该促进需求的满足，并应该致力于工作方法、技术，以及社会体制与组织的改进。个人的生命应该完全奉献于服务全人类，借此，他同时获得了他本身自我追寻的部分满足（在可能的范围内）。如此形成了保存自我的人生通路，一条"生命必须不断周而复始"的轨道——因为把日常生活中的乐趣去和那种"使生活为一切人成为可能"的工作乐趣等同的想法，毕竟是空想。以最大多数人的最大幸福为标准来衡量，人生的意义便在于，为最大多数的人群提供经济上最丰富的机会，以满足他们多方面的需求。

同样的，这种理解的趋势无法追求它的逻辑结论，而且除此之外，这种形象在现代人意识中的宰制力量，绝不会是绝对的。技术、机具以及群体生活，一点也不会让人精疲力竭。的确，他自己制造的庞大机具，这个生活世界的形式、仪器等，都回过头来影响他；但是它们并不完全或毫不保留地控制他的存有。它们影响他，但他仍然与它们不一样。人不能从一些原理来溯本求源。这些原理的建立使人明了某些关系，同时让人更清楚，在这些关系之外还有很多东西存在。

因此，与这种生活秩序的科学（只要它被人认为绝对有效）无意间扯上关系的——不是错误地相信，有可能建立一个非常稳固而健全的世界组织，就是对一切有关人生的事，都抱着绝望的态度。那些期望将整体的福利变为常规而感到满足的人，往往忽略了那些不愉快、但却不可否认的事实。然而，我们不该像钟摆一样，犹豫于人生的肯定和否定之间，我们应该继续努力，让自己确认生活秩序的限制。当我们这么去做时，那种生活秩序可以变成绝对的看法，对我们成为不可能的事；而我们的意识在解除重担后，认清了一项可在它的相对性中认出的事实，亦即它可自由地转向另一种可能性。

但如果那种为供应大众需求而存在的生活秩序能成为绝对有效的想法，被容许继续存在的话，就不可避免地会产生一种（现代诡辩家的）心态，当这种心态与一种被人当作绝对的实在相关时，便显示出心灵的深不可测。

一、群众的偶像化

对于"最后真正的结局会怎样？"的问题，有一种人无法回答；这种人想要建立一种绝对性，而这一目标显然是理智可认识的。可是在迫切想要找寻理由之际，大众的利益、整体、理性以及群体生活（作为人类的真实生活）等就像口号一样地流传着，就凭这些口号可以建立或驳斥一切。

群众概念的多重意义，事实上是极为明确的，并且它和建立一种绝对性是完全对立的。可是，今日任何对群众的涉及都会引起无法控制的兴奋。它的含义似乎是说，群众的概念虽然可以清楚定义，却可等同于人类历史的整个内涵和目的。"群众"一词愚弄我们，我们很可能在多样性的范畴下，被误导入对人的思考中，就好像它是一个单独无名的整体一样。但是，群众是无法在任何可界定的意义下变成具有真正人性本质的存有者。每一个人，只要他是一个可能的存在，都不只是群众中的一员；他对他自己具有不可让渡的权利；他也不该被群众吞噬，就如被剥夺了一个人独立存在的权利一样。群众的概念具有一种魅力，就是它可以为维持虚有其表的事业、为逃避自我、为逃避责任，以及为放弃攀登真正人性潜能高峰的尝试，而变成一种诡辩的工具。

二、委婉的语言与反叛的语言

理性生活秩序的限制，在我们无法从本质上了解并证明这种生活为合理时，便显现出来。一方面，为了支持理性生活秩序具有绝对有效性的假设，热心的解说者必须使用委婉的语言（Sprache der Verschleierung）。无法作合理的说明时，使用委婉的语言的趋势愈来愈普遍。它的标准是，假定可信赖的"团体的最大福祉"；它的要求是，满足那些想要以一种平静而有秩序的方式来发挥自身功能的人。它经常有随时可以援用的前例，作为生活恐惧的赔偿。真正必须使用强制手段来执行的事所具有的强制力，隐藏在某些无法捉摸的权威所加给的责任之后。社会体制胆敢使用那个人所不敢使用的武力，一旦碰到僵局，则诉诸科学专家，因此科学所扮演的角色，无异于公共利益的奴婢，而公共利益又被认为与生活秩序是一回事。在极端的情况中，这是十分不合理的要求。当某位专家既不知道，也无法知道事实真相时，他必须以合法的解释，为政治行动的合理、为刑法中某些条文（如有关堕胎、死刑等问题）的合理、为意外事件之后的心理病症解释提供一些像样的知识，将他自己拯救出困境，如此将减轻作为雇主的社会体制在金钱上的责任。到了最后，实际上说了什么似乎无关紧要，有效的价值标准就是维持秩序，以及掩饰任何会引起怀疑之事的决心。

另一方面，我们有反叛的语言（die revoltierende Sprache）。它和神秘及劝解的语言同样属于群众秩序，但却采取了一种不同的混淆问题的方法。这种语言并未将亲切的眼光投向整体，它试图把个人带进众人注目的焦点。在耀眼的强光下，每一个人都看不见别人的存在。在随之发生的混乱之中，革命者诉诸各种暧昧的冲劲，它的目的在于使骚乱和反叛成为合理，也把那些冲动视为合理。正如诉诸大众福祉的合理辩解语言成为一种维持秩序的工具，孤立的反叛语言则成了毁灭的工具。

生命蹉跎而过，并未真正了解自己所使用的语言。生活目标和生活意愿的犹豫不定，由于问题的关键不在于人生基本需求的供给，而在于问题的误导乃越发显明。在这样的时代中，那些故意表现出讲理而老练样子的人，实际上根本是不知所措。当讨论中已没有说服的余地时，便得诉诸某种情绪的语言，来达到预先判断案情的目的。从那些已经在生活中迷失的人的口中经常可以听到"生命的神圣"、"死亡的庄严"、"人民的尊严"、"民意即天意"等口号。如此来逃避讨论，他们间接还透露了，他们所谈论的事情根本不是任何生活秩序中的一部分；而由于他们已经切断了自己的根，他们根本不知道他们自己需要的是什么。这种诡辩，在一方面是投机分子自私生命的机灵，以及另一方面是无理性的情绪冲动这两极之间摇摆。

当人们觉得一大群人应该做点事情，感到这种需要时，却没有一个人对应该做什么或为什么要做有任何清楚的概念，因此没有人知道该如何指挥他的意志，一种无能的困惑于焉而生。那些占据领导地位的人诉诸统一，诉诸责任，并要求冷静的思考。他们说，有必要来考虑现有事实，有必要实际一些，不要光讲理论；应该避免任何可能激起众怒之事，但同时也必须采取一切可能的手段，来抵挡攻击；总之，最主要的便是，把各种事情的领导责任留给现有的领导人，他将会知道在特殊的情况中怎样做才最好。但是像这种领导者，在表面上逞口舌之勇，在内心深处却根本不知道自己所需，他们只会以静待变，静观事情变化，自己却束手无策，甚至不敢作任何决定。

三、优柔寡断的现代人

生活秩序极需要平静来保护它；而它的拥护者巧妙地表现出，他们对于作抉择的忧惧是促进大众利益的最佳方式。

欲望的贪得无厌，因个人、团体、组织、党派等都同意彼此之间互不侵犯而被限制。那也是承诺何以经常伪装成正义。但承诺如果不是为造成生活制度表面的统一而故意将异质的利益结合在一起，便是为避免作抉择而相互作的让步。诚然，在团体生活中，任何人要是遭遇敌对的行为，而愿意此一团体生活持续下去的话，他就得以谅解来代替斗争。因此，他要适度地放弃自私自利的做法，以使得生命的延续终究成为可能。他区分绝对的自我与相对的生活，如此一来，拥有自我的他也具有妥协的力量。但必然会产生的问题是：现在有两种妥协方式——其中一种妥协是以自我抉择的能力为条件；另一种妥协，则借着全体平等的合作，而导致自我解体——二者的界限何在？

因为当一个人在任何事上都完全是他自己决定时，他体认到他有各种可以选择的机会，而他的行动并不是一种妥协。他会想要在他所体认的选择机会中勉强作一抉择。他知道他有可能会粉身碎骨，对于生命的存在期限，有着听天由命的无奈；并了解一次真正的失败，只会显露他存有的实在。但是作为一位充满自我追寻冲动的人，在生活秩序中，为了在整体中保护自己，他必须作部分的割舍，这种挣扎带给他无法面对的危险。只有在大伙站在他这边的时候，他才使用武力，并且躲开有危险的决定。只要他现有的生命在可容忍的情况下仍然可能存在，他就会接受任何横逆挑战，而且总是会支持那些持有温和观点的人，反对极端分子。他弃绝任何在他看来是夸大的事情，要求通融以及和平的习性。企业中不发生摩擦，才是他这种人的理想。他们乐于加入互相合作的团体中，好像在其中每个成员都能相互补足并增益。并不是个人受到重视，而是那事实上，同时很特殊的大众利益占了上风，但作为一种"大众的"利益，它是相当空洞的。企业合并的形成，造成对竞争的压制，却受到所谓"大众利益"口号的掩饰。嫉妒被相互容忍的变换职业消解了，而人们努力以各种可能性的综合，来缓和追求真理的激烈竞争。正义成了虚幻不实的、不正确的东西，就好像每一个人都可以和其他人一样，并列在同一层面上。努力作出抉择，不再表示与命运搏斗，而是指在强有力的权威影响下，奋力去行动。

因此，一旦有反叛发生时，由于对意见和行为诡辩式的曲解，同样会导致一种没有决心和不够果断的情形，只会把事情弄得乱七八糟，不可收拾。这种情形如果不由生活秩序来控制，就必然走向一团混乱。

四、沦为手段的精神

只要一切事情的完成都得依赖生活秩序绝对化的安排,只要经济的力量和情况、可能的权力都是朝这个目标而努力,精神的活动,也就同样地指向此一目标,仿佛生活秩序绝对化是件关系重大的事。精神已不再相信自己是自发的,而变成了达成目的的手段。就像一种诡辩的工具一样,变动性很大,它可以服侍任何主人。它为任何事态——不管是现存的,或被当权者认为是可欲求的——找出了成立的理由。然而,无论什么时候,心灵都知道,只要它照着这些方向去做,它的作为都不能算数,而借着一种假定的信念情绪化倾向,显示出它对自我的秘密认知。由于对生活真正权力的认知不仅要求这种虚伪,而且也不允许掩饰对一切生命的根本依赖,因此,在对必然之事的认识上,便生出一种崭新的坦率态度。虽然如此,对于现实应有清楚认识的要求,立刻成了一切并不完全明显事物的巧辩工具,而人的真实意愿也因此被摧毁了。如果人们继续认为生活只是供应群众一般生活必需品的秩序或系统,那么就必然会因人类可能的扭曲而跟着产生种种令人难以置信的虚伪。

第六节　目前生活秩序的危机

千年来构成人类世界的维系力量,似乎面临着迫在眉睫的瓦解。为了供应生活必需品,而以一种政治体制面貌出现的新世界,强迫每个东西和每个人来为它服务。任何东西要是没有存在的价值,就会被消灭。人似乎在从事一种为达目的而不择手段的勾当,更丧失了目标或意义。然而,在这个世界中他无法找到满足。这个世界也无法提供给他有价值和尊严的事物。那些在过去的需求和压力中持续作为人存有确实不可怀疑的背景的因素,现在却逐步消失。当他扩大他的生活圈时,仿佛就牺牲了他实现自我所依赖的存有。

因此,认为事情的计划有问题,认为真正关系重大之处出了差错的看法非常普遍。每件事都成了问题,每一事物的实质都受到威胁。人们过去常说我们是生活在一个变动的时代中,然而,现在每家报纸都在谈论世界危机。

那些找寻更深层的理由的人发现,国家正处于危急的情况中,当他们说政府的方法无助于形成任何整体决定性的意志,并且当肯定的语气动摇时,所有的基础都开始崩溃。另有一些人则谈论文明的危机,这种危机导源于人类精神生活的瓦解,但是后来又有一些人宣称,危机威胁到整个人类的存亡。那自称是绝对的群众秩序,逐渐明显地暴露出它的种种限制,使得整个世界摇摆不定。

危机充分表现出它自己缺乏信心。如果人民仍对法律制裁抱有希望,如果人民仍然深信权势与习俗的严厉,其原因并非出自任何真正的信心,而是由于对实质利益的估算。当一切事情都被归结到以利益为目标时,对整体实在价值的意识已经被摧毁了。

如今事实上,任何原则、职位、职业,或任何人,都不再被认为值得信赖,除非能在每个具体的事例中找到足以让人信赖的基础。每一位见闻广博的人,在自己日常的环境中都可以普遍见到诈骗、越轨行为以及不值得信赖的事情。即使在某个地方还找得到信心,也只是局限于很狭小的范围内,不会扩展到整体。危机是普遍的、全面的。它有多样的因果关系,因此是无法以处理各种特殊的原因来克服的,而应该当作全世界人类共同的命运来理解、忍受并掌握。

从技术和经济的观点来看,人类所要解决的一切问题,在它们各自的领域中似乎都成了无边无际的。在地球表面产生了一种普遍经济交错的情况(这种经济情况,是生活技术性支配所依赖的),使得现在的世界只能以一个单位来运作,因为愈来愈多的人开始把世界看成一个统一的整体。世界大战便是第一次实际上全人类都卷入的战争。

与世界统一同时发生的,是一种让人担忧的水平开始低落的倾向。今日世界所流行的东西,永远是最肤浅的、最鸡毛蒜皮的事,并且和人类的可能发展根本不相关。但是人们仍在尽力促成这种水平的低落,就好像非如此不能使全人类得到统一。在热带的农场里,以及靠近北极的偏远渔村中,都可以看到描述大城市生活的电影。人们的服饰穿着日趋一致。日常社交的礼俗,是世界共通的;同一的舞步、同样类型的思想以及相同的宣传口号,都成功地传遍世界。在国际性的会议上,人们并不那么热衷于推动异质实体间的沟通,却想在宗教与哲学的共同基础上寻求统一,反而造成了水平的低落。异族通婚使得血统相互交融,历史上的文明和文化顿时失却了根源,被吞并到技术经济的社会中与空洞的主知主义中。

当然,这种过程到目前为止才正开始,而每一个人——大人与小孩一样——都受到它的影响。对于一个扩充世界的最初陶醉,正被一种限制的感受所取代。当一艘飞船横越西伯利亚上空时,当地居民像收到警报一样躲起来,这确实使我们惊讶。那些从生下来就一直待在家乡直至终老的人,就好像陷在泥沼中一样。

我们这个时代最显著的一项特征,是对实体逐步且无法恢复的丧失。一个世纪以来,各个世代的相貌,表情上有持续衰弱的现象。而每一个行业,虽然有大批新血输入,却到处有人抱怨缺乏有力的帮手。从各方面来看,我们见到的,大都是一些泛泛之辈零星散布其中,也有一些特别精明能干的单位主管,他们专注于他们的工作,并把工作当作自己的事业来发展。过去那种对几乎所有表现机会的坚持,造成了几乎无法理解的混乱。结果是虚饰取代了实质,繁杂替代了单一,闲聊胡扯取代了真实知识的传授,经验取代了存在——无终止的模仿。

这种衰退有其心理上或精神上的理由。权威经常是通过相互信赖,为不确定事物制定法规,并将个人与存有意识连结起来的形式。在19世纪,这种形式的确在批评指责下遭到破坏。结果,一方面造成了显示现代生活特征的嘲讽精神,当人们沉思在大小事情上,充斥着庸俗与琐屑时,往往会耸耸肩不屑一顾;另一方面,尽忠职守、自我奉献的忠诚都已经消失了,我们以一种人性已经消失的温柔慈悲,以及一种贫血的理想主义来说明,最可怜和最粗心的事件是合理的。现在我们已从科学的迷梦中惊醒,我们看出世界不但已经没有神,甚至不再有不合格的自由法则继续存在。取而代之的就只有秩序、参与、不干预。光凭我们的意志是无法重建真正权威的，因为这种企图只会导致一种顽固而强有力的政权建立。只有重新开始，才能产生有效的结果。批评当然是往更好的方面改变的先决条件，但它本身却不是创造性的。虽然从前批评是一种创生的力量，现在却分散并消退了，转而反对自身，并由于为所欲为而导向不安定。批评的意志不再能以有效的规则来判断与指导，因为它的真正任务，是承认事实并实事求是。但是它无法这么做，除非它受到一种真正的满足和一种自我创造的可能性的鼓舞。

对于"今天仍然存在的是什么？"的问题，我们的答复是："一种对危机与迷失的意识。"目前，存在只是一种可能性，并不是某种已拥有和保证了的东西。所有的客观性都成了歧义的：真理似乎无可避免地丧失了，实体变成困惑，实在变成伪装。凡是想找出危机根源的人，为了要有效地矫正它，必须通过真理所失去的领域；必须穿越困惑的境地而达成自我的抉择；为了显示隐匿的真相，必须揭下伪装的面具。

一个新世界不会通过这种理性生活秩序的运作，从危机中产生。真正需要的，是人类应有的成就，决不止于他在生活秩序中所达成的；他应借着国家来表现整体的意志，达到目标。对国家而言，生活秩序只不过变成了一种手段，并且通过精神性的创造，使他意识到自己的存有。沿着这两条路，在自由的自我创造的高贵中，他可以重新意识到人存在的根源与目标，而对此的体认，早在生活秩序中丧失了。如果他幻想在国家身上找到他的最根本需求，那么经验会教导他，国家本身并不能满足他的希望，只能提供可能性实现的机会而已；如果他在心中坦承，作为在自身与借由自身的存有，他发现，在存有现存的客观化中，每一个机会的实现都是有问题的,那么他必须从头开始,回到人的存在上,因为国家和精神都必须从它得到血肉与实在。

于是,他使那唯一能包容一切的关系,亦即有目的的思想、合理的思想应用于世界的客观秩序上,成为相对的。但是那造成现有团体的真理,却是一种仅有短暂历史的信仰,它永远不能成为大家的信仰。无疑的,合理洞见的真理对大家都是同样的;然而,人自身存在的真理与那引发他信仰明晰的真理却使他隔绝。在原始沟通的不断挣扎中,突然会产生一种疏离感,不同的意见也滋生起来。因此,在时代精神处境中具有自我意识者,扬弃任何从外强加给他的信仰。那作为整体统一性仍然可理解的,是这种情况的历史层面,是作为一种与其生命源头相连的精神,是在那暂存的、特定而不可替换的本质中显现的人。

第二章　整体中的意志

无法避免的生活秩序，在那些不愿自己完全沦为功能的人身上，受到了限制；此外，任何独特的、改良的和最终的生活秩序，都是不可能的。那些不甘安于现状的人，要决定应该选择什么，以及该保护什么；若缺少了这种抉择，他的生命便只是接受现状，并且是让别人来为他决定一切事情。

个人所作的抉择，在内心中，就他自己的存有来说，事实上是他个人存有不可侵犯的权威。然而只有通过整体的力量，现实世界才可能存在，而且只有在整体中，人类才可能获得在环境组织中意志的统一，以及在世界上的自我保存。人真正变成什么就基于这种力量，也就是这种力量决定了生命在整体中的历史性的具体实现。这种力量在任何时间，都是与国家在政治上结合为一体的，并且就人类存在的历史传统来看，这种力量就是教育。

只要自觉的意志与这件事有关，我们人类的前途就完全基于政治与教育的活动。对于事情的进行，虽然有无能为力之感，要干预事情的意志力坚持，便成为从事政治者自我的勇气；而教育者的意志力便是使他竭尽全力的原因，而对于影响人的行为，尽管会有一种无能为力的感觉，还是要使人通过传统文化最深刻内涵的运用，而发挥出自身最大的潜力。

总之，整体决不是没有资格限制的整体。人无论在哪里，若要努力找寻世界上的最高权威，在那关键性的源头，都会面对某种超越国家与教育之上的东西。

第一节 国　　家

只要作为终极决策之处的整体现实性被人充分理解，国家意志或国家意识便成了作出决策经常所需凭依的杠杆把手。国家意志或国家意识是人塑造自己命运的意志，这种意志决不以纯粹个人的方式存在，而只存在于由代代相传而构成的社群之中。然而，国家意志必须在许多相互竞争的国家中来表现自己，也要受到肇始于努力赋予国家限定的历史形式的内在紧张的牵制。

对国家意志来说，生活秩序不只是代表全人类合乎理性计划的目标，因为它通过对权利的侵犯而成为唯一决策的目标。国家意志的确借着经济的生活秩序，而采纳了促进大众福利的观念，但是更重要的是，生活秩序的目标还是针对人自身的。

由于国家意志无法以有意的自愿行动达到这一目标，它必然愿意在理想的水平上创造必要的机会。国家意志必须在不能解决的紧张中寻求自己的途径；它在世界上的特殊地位，使得它牺牲自己内在人性的成长,而增加自己的权势。相反的,人的存在迫使国家限制自身权力的发展,否则它的根本目标——人最大可能的发展——就会遭遇到挫败。虽然暂时这种紧张可能会中止,而且会造成某一个人崛起并执掌国家大权,但是从长久来看,还是无法避免——暂时性匮乏与促进人类更进一步成长的主要目标之间的——长久僵持。因此国家意志很可能获得短暂而表面的成功,但是它也很可能受到一种精神理想的迷惑,而脱离现实,醉心于一种幻想的未来,终致于自欺欺人、浪费生命。

国家的具体内涵就是,为个人提供各种机会,让他在许多职业的理想中来自由实现,而只要他在政治工具中仍旧只扮演一种功能,这些理想就不可能实现;而国家所作用于其上的实体,是由那些通过教育而参与自身历史传统力量的人所组成的。一方面,由于群众秩序只能借着国家而继续存在,国家要维护群众秩序;另一方面,国家同时也要提防群众秩序。

一、国家意识

尽管有国家意识的兴起,人还是察觉到,今天有一股持续决定事物存在与变动的权威力量。国家对武力的合法使用,主张一种独占的权力(韦伯语)。

于是有两种后果产生。第一,日常生活的整顿排除武力的使用,而往后日常生活的整顿可以遵照规则与法律,以和平的方式来执行。第二,只有在那种不使用武力,人的生命就无法持续的地方,才能使用武力。先前被分散的武力使用又被集中起来。鉴于个人自古以来就必须亲自使用武器,随时不断地保护并拓展自己的生存，他现在却成了国家所指挥的武力、在技术上运用的工具。在全部人口中，只有一小部分加入职业警察的行列，但是一旦战争爆发，每位适龄的男子都会成为国家武装力量的一员。因此，国家要结合那具有沉默威胁的力量，或借实际武力使用而决定事情的力量。由于情况不同，武力的使用可以加强到最大极限，或减小到最小范围。

对个人而言，他的精神处境会要求他适应权力的现实，因为他只是靠那股力量的存在而存在，而在某种意义上，那也正是他自己的力量。因为国家如果只不过是一支被盲目行使的武装力量，那它也不成其为国家。只有通过发挥成功的精神行动，并在自由的行动中知道自己本身与此时此地存在的国家实在是息息相关的，国家才能成为国家。国家有可能衰退到暴力的混乱中，它的崛起也可能像那种由人道出发的理念，因而回绝掌握权力的意志。因此，国家或者会在粗率及盲目的武力中迷失了方向，或者会成为一股历史上举足轻重的实质力量，只要现实的隐秘需求在有意识的意愿上得以澄清。今日国家的精神实在似乎正在衰颓，但是还没有完全消失。

当国家被认为应具体表现由上天所赋予的权力意志时，广大的群众就会臣服于少数的统治者之下，并把由上而来的谕令当作上天的旨意来接受。但是时至今日，一般人都意识到，这样的国家行动并不是出自神的旨意，逐渐有人认为，国家只是人本身意志的表现，是每一个人都参与其中的普遍意志的表现。人生存在两极之间的群众秩序中，一方面是提供生活必需的和平体制，另一方面是实际上时刻可察觉的权势，这种权势的方向和内容是人想要知道的,如此一来他也能够施展他的影响力。

人无法再掩饰权势的真相,不能再认为真相只不过是过去恶名昭彰的恐怖遗迹,或是一下子就能取消的。对于那些只看表面事实的人,很明显每一秩序只通过权力而存在,因为这种秩序侵犯到一种与它相异的意志界限。我们是否该把国家的权力视为某种迎面抵抗这种外来势力不可少的东西,或者该将权势本身视为罪恶,因为国家主张,只有它本身才能使用武力,我们在此遇到社群生活的隐秘基础,在其上所有的行动都是与非理性、与反人性的一种妥协？很可能在这些隐秘的基础上,坚决的意志会建立历史可能性的连续；或者优柔寡断的行动,可能追求各方面短暂利益的满足,只为了促成这些行动而使用武力。我们的社会存在,通过这种力量的塑造,而在时间中继续存在。

本身无所谓合法或不合法的国家,是不可从任何其他东西推演出来的,但国家却是具有权力意志的自我确立的生命体。结果造成了为国家利益不断奋斗,以及国与国间的斗争。因为国家绝不是全世界人类唯一的力量,而总是有许多其他的势力,有时与之结合,有时与之冲突。的确,总是会有人去努力建立一种法律的秩序,但是每一现存的法律秩序多少总是建立在武力之上,由武力决定法律秩序应该存在何种从属形式或原则之下,并没有最后的定案。情况各有不同；由于武力的集中,权力才成形、消亡或生长。这一切,并没有造成一个世界国家,只是全人类通过对其自身历史情境的认同而进入了一种不安的情况。

我们没有必要把国家当作偶像来崇拜,也没有必要说它有多坏。情绪化的说词阻止了参与争论的各方发现真理与实在真相,使得人们无法得知生活是如何决定的。人与人之间的主要差异在于，他们是否在内心确信生命的历史蜕变是我们的命运，或者会盲目地接受虚幻的友爱世界的平静，在生命的快乐与痛苦之间毫无活力——直到意想不到的毁灭，显示出他们的欺骗是没有用的。

现在，那种首次将国家带入求知热潮的魅力已经被驱散了，当代人的精神处境使每个人进入这种人类群体生活的领域。对每个人来说，在国家实际的领域内，人类活动世界的忧惧会以极度冷酷的面貌出现。然而凡是见到这种景象而没有被吓呆住的，或是没有遗忘现实而又没有视而不见的人，就会体认到这种人类行动与自决的真相，并清楚地认识到，他真正需要的东西并不是一般性的，而是在历史方面的、那些在他看来真正具有人性的同伴与他一起企求的东西。

一个人能够思考政治层面的问题，表示他已达到一般人所无法到达的相当高的水平。人要放弃他参与政治的机会，可以有两种相反的方式或可能性。

他可以决定不出现在各种公开场合。无疑的，他还是会对他能从自己日常生活中的机会获得利益一事，感到有兴趣。然而，对他来说，整体只不过是别人的事情，是别人所当关心或专注的。无可怀疑的，我们经常会被迫卷进一场是否反对在现有的秩序中使用武力的争论中。我们会发现，到处有不公道或荒谬的事情。但是那些逃避责任的人，却把这种事情看成跟他们毫无关系。如果他们前后一致的话，他们就不会抱怨。他们对事情漠不关心，他们也不让自己的情感流露出来。因为无论是有关一般的可能性，还是关于当前的情况，他们都没有指导方针；他们体认事实，并且放弃批评,就如他们弃绝行动一样。他们这种"非政治性的"行为,是由那些不想知道他们要什么的人所造成的,因为他们只有一种脱离尘世、实现自我的愿望——就好像可以离开时空而生存一样。他们以消极的容忍来接受人的历史命运,因为他们相信灵魂的得救——这并没有历史的确实性。这种人缺乏责任感,在世界上,他就是他自己,不是别人。只要是在他能力范围之内所能防范而他却未能做到的事情,他就会对因此而产生的祸害感到内疚。

扬弃真实政治生活的另一种方法便是,向盲目的政治意志投降。凡是这么做的人,会对他的生活不满,并且会抱怨环境,会把环境而不是他自己视为造成他的生活遭遇的原因。他一会儿受到仇恨的指使,一会儿又受到狂热的鼓舞,但他尤其会受到权力意志本能的影响。虽然他并不知道他能认知什么,他也不知道自己真正的意愿,但他仍然像是知道一样来谈话、作选择和行动。经由某种打击,他会突然间从一知半解变为狂放不羁。如此喧嚷的自我陶醉式参与,是所谓政治认识与意志最广泛的表现。像这种气质的人,不免经常犯错误,会惹事生非,并且激起纷争,而根本无法找到正途。

今日,就是那些想要逃避现实的人也必须参与国家的事务,虽然这种事没有一种权威的制裁。一个人若是具有真正的国家意识,虽然他知道国家不会有上述所说的那种制裁,他也会尽全力为国家做好奠基的工作。凡是在内心体认到自己有义务在这个领域内尽力而为的人,就面对着人之存在的问题。有些人怀有一种幻想,梦想可通过恰当的世界组织而建立和谐生活,他却不会有这种错觉。他逐渐开始明了,他无法作任何的奢求:奢望对国家的本质、对那以合法形式来表现的庞大体制能够有一种确切的认知。在个人活动与人类意志间的无形交织中,个人在自己的处境中被交付到历史过程中,此一过程在政治力量运作中显示出来,却无法全盘被人了解。在那人类事务的领域中,盲目的意志、满腔的义愤、性急想要拥有的欲望等,都变得毫无意义。除了耐心、谨慎之外,任何方式都没有效:任何超过这种方式的事都只是骚乱、毁灭、无聊和暴躁的举动。然而,由于个人的无力感,当今一般人又都认为,行动自由的理由是纯粹世俗的,因而他很难把握住他的行动自由,并实现这一自由。努力去找寻一条目标都不清楚的路子,只会碰到挫折。然而,那个目标究竟在哪里,只会显示给那位不顾一切,能将目光集中在超越者身上的人,这个目标是与日常必需品合理供应的方法截然不同的。

因此,很容易了解,为什么几乎我们每一个人都放弃了尝试。极权主义与法西斯主义让人认为比较容易有实现的可能。让我们再次学习绝对没有怀疑的服从,让我们满足于简易的宣传口号,我们也应该让某个执掌政府大权者来采取行动。这种独裁的形式是真正权威的替代品,是以牺牲几乎我们每个人的权利所换取的。在当前世界的情况中,那些还没有实行前述可能逃避方式的国家,把这些可能性当作其他国家的现实问题,头疼的应该是他们。而在前述国家的内部生活中,这种可能性对他们的威胁,是以群众的需求姿态出现的。

然而,自我在面对现实与可能之时,是由困惑开始的。个人生命与同时期的世界历程一起,在同情中跃动,并且不断澄清它对可能的认知,直到它在塑造环境上成熟到足以合作为止。

在这一点上,为生活必需品供应的群众秩序与基于权力的决策之间,有一种紧张持续着;换言之,社会与国家之间存在着紧张关系。

人通过工作为社会实现生活秩序的意义,这份工作奠定他在社会上生活的基础。所有理性的计划都是针对这一计划和它功能的改善,针对着防止动乱,旨在维护正义、法律及和平。国家的社会意义便是朝这些行动前进的鞭策。

然而,避免不了的限制仍然存在着:在群众的素质上、在社会及生物的无情淘汰上都有其限制。为了大多数人而在生活范围内所加上的不公平限制,在种族、性格以及天赋之间的差异,人口在各个不同组合团体间增加的速率等,也都有其限制存在。因此,国家应当被视为不仅是维护事物合法秩序的机构,也是有关武力不可避免使用的方式与趋势的争斗焦点。人总是要忍受折磨并担负重担。今日,人却可以借着最好的整体组织,使他自己从折磨与重担中解放出来,并且充分意识到他自己的所作所为。但由于这点尚未能实现,国家的社会意识为政治上的命运意识所压倒。

因此,只有在抽象层面上,国家与社会的精神处境才是一种时代普遍的情况。实际上,它只是历史上某个国家中的情况,从那里眼光却转向其他的国家。个人的放纵态度的确可以使他改变自己的国籍,甚至变成无国籍者,并在某地或任何处所苟延残喘。然而,个人的历史意愿只能通过他与他自己祖国的认同而发挥效用。没有人能改变自己的国籍而不付出代价。如果他觉得非这么做不可,纵使他并不一定会丧失他的自我,或者丧失他对命运的意识,他仍然会因为对整体的参与丧失扩张的力量,而这整体是他从中成长成为他自己的真实世界。

二、战争与和平

因为国家的权力并不是一种单一的权力,而是一种在任何时间与其他国家个体并列的权力,并且因为在它之内包含有某些组织,其存在是超越任何特定时间的,因此无论何时,只要国家的统一受到危害,它的力量就表现在实际的武力使用上。战争与革命会造成人生活基本必需品供应上的种种限制,结果造成一切物资的供应要以效率及法律的新基础来配置。虽然为了避免战争与革命,应该尽一切可能去防止,但它们的发生却是不可捉摸的,并且始终是威胁全人类的一个未解决的问题。如果有人不计任何代价来维护和平的原则,他们会如盲人瞎马般有坠落深渊的危险;也就是,他们会被逼迫到一种除非他们起来反抗,否则就会被毁灭或被奴役的境地。除了反应主义的极端态度外,纵然尽一切可能去避免战争,现实的残酷仍然会要求我们经常为可能发生的战争作准备,而我们永远不会忘记"不计任何代价"真正的意义。

战争意味着:在一个人自身存有的绝对价值中情愿为了自己的信仰而牺牲生命。人们坚信,宁愿牺牲也比当奴隶要好。战士了解他所面临的危险愈充分,他愿意牺牲的热忱也愈大。然而战争的意愿离事实愈遥远,崇高的士气也愈会退化成一种虚假的浪漫主义情绪。

今日的战争似乎经历着一种意义的改变,它已不是一场宗教战争,而是一场利益之战;不是一场文化或文明的冲突战,而是一场国家疆域之争;不是一场人类的战争,而是一场彼此之间科技机械的斗争。在战争中,早就没有为人类崇高的前途而战这回事。今天的战争不再像以往,譬如希腊人击退来犯的波斯人(保存了西方人的文化),或如罗马人打败迦太基人(同样保住了西方文化)那样,具有任何划时代的历史意义。如果战争的结果不是要改变什么东西,只是要毁灭,其唯一结果只是一群与被征服者没有显著不同的人,对未来有着较大的优势,那曾经鼓舞信仰的存在、那一直由战争来决定命运的存在,缺少了一种情感的力量。由于以生命为赌注的冒险本身并没有真正的价值,在上次大战中那些从事生与死斗争的士兵中出现了特有的团结;他们患难与共,每个人都必须面对自己的敌人,并准备牺牲。在数不清的持续危险中,不屈不挠的精神有时要求显示坚定的决心。在这种情况中,男子汉的气魄创造了一种在历史上无与伦比的奇特英雄行径。但是,那种男子汉气魄却拒绝为造成一种将每个人逼上战场的情况负责任。因此人们呐喊:"(战争)永远不要再来!"

然而,前程一片渺茫,而且似乎无法保证欧洲各个国家之间不会再有战争。许多人为了和平而努力,和平或许真会实现,因为攻击性武器的技术进步使得战争的展望如此具有毁灭性,并且因为如果国与国之间再度彼此攻击,就连胜利的一方也免不了毁灭的命运。然而,一种新战争的可能仍然来临,这种新战争比以往任何战争都要可怕,它一旦来临,就会是整个欧洲或全世界人类的末日。纵然那受到经济控制或条约约束的战争理由可能会消失,但是人身上是否存在一种想要挑起战端的盲目意志是很难讲的;一种想改变、想从日常生活的熟悉中脱身、从熟悉情况的稳定中脱身的冲动——某种像求死意愿的念头,有如一种毁灭和自我牺牲的意志,一种想建立新世界的含糊热忱。一种为打仗而爱打仗的浪漫骑士精神,或者可能是一种自以为是的冲动,要他在根本不值得再活下去的生命尽头,不消极地等死,而自由地选择死亡。这种热情可能会沉寂片刻,当战争实在景象的记忆逐渐淡忘时,它却经常会活跃起来。如果人性中潜藏着某种无法克服的邪恶成分,那么真正领袖的使命不仅要在直接方面倡导一种和平主义的反战运动,而且要起来反对战争的威胁,为使长期和平得以维持,让世界能获得休养生息。这位领袖不应该不计代价来维护和平,但却应该继续反对战争的邪恶本质,甚至在战争环境的连锁反应无法阻止时,要全心去实现战争在历史上的内在价值。他应该确保,这样一个根源完全是罪恶与盲目冒险的战争可以显现出人类真正的命运。

我们不得不假定:第一,要建立确定的和平并没有直接的可能,甚至那具有历史内在价值的战争也不可能;第二,除此之外,人仍旧处在生活秩序与武力之间的紧张情况中。对战争的恐惧使得各个国家为了自卫而把自己武装起来,结果军备的扩充终究导致了原本有意避免的战争。这种恶性循环可以用下面两种可能的方式来破除。其一,或许会兴起一个独一无二的世界强权,靠统一现有一切武力而起,以它自身拥有的力量来扼阻较小的或没有武装的国家发动战争。其二,这个世界强权或许会因为一种——我们所无法思议的——命运安排而兴起,这种命运从毁灭中开出一条指向发展一批新人类的路子。想走这条路就是盲目的无能,然而,那些不想欺骗自己的人,必须为这种可能作准备。

有待考虑的是战争实际上是否妥当的问题。纵然我们认为和平应当无限期维护下去,但凡是在内心中不再为实质斗争作准备的人,终究会不知所措。德国在全面废除征兵时,保留了一支职业军队,显示出和平的最大危机,对于一种具有内在历史价值的战争可能性,显示出最大的威胁——因为群众弃绝战争,终有一天,他们会被少数职业军人所奴役。战争的可能性,不会因为事实上大多数人口都不再接受军训而避免。虽然军事上对战争的狂热已经变得虚伪,但当代人的精神处境却仿佛助长并实现了恰当武装起来的意愿;因为假如不武装的话,一切其他的善意都会丧失。凡是面对军事上夸大言辞的骚动和混乱,以及在急迫逃避现实中面对冲动混乱本能的人,仍然会保有清晰的眼光及未受扰乱的勇气,并能找到一条别人愿意跟随他的合适的路子。这绝不会是一种纯粹军事的勇气,而是作为较深层勇气中的一种值得信赖的因素,它可以放在整体的共同认知中,按照这种认知阐明的责任感来行动,以武力作为后盾有其可能性,而非一种必要。

情况似乎不可避免地让人甚至在和平之时就来采取立场:到底在精神上支持还是反对战争。然而,就人类整体命运的疑问来看,这种选择是无法强迫的,除非有一个至高无上的权威力量来确保全面的和平——如果此一权威也被人接受。实际的困难是,双方面都有不可思议的因素。一方面,有意要引起战争意愿的壮盛军容,并没有显示出人们在遭受毒气攻击时的情况,也没有显示饥馑、战斗者与一般人在战争中死亡的惨状。另一方面,和平主义者的论调故意掩饰被人奴役的真相,也不说明根据不抵抗主义原则生活的意义。军国主义者与和平主义者都隐瞒了战争所带来的罪恶——人们总是把自己的生命看得比别人的生命更重要,而且当成世界上最真实的东西;人们无法抛弃自我的概念而设身处地为别人着想;出于对安全的渴求,人们都想要拥有一支超越别人的武力;人们对自己和对别人往往都不够真诚,因此人生成了一团毫无希望的混乱,由于盲目坚持考虑欠周的意见,遵循未经斟酌的激情,因此最后除了诉诸武力外别无他途。正确地说,我们的人性除了在某些条件之下,是不可能存在的,而当这些条件不存在时,兽性的自私、残忍就会暴露出来,为了维持自身的生存,不惜以他人作牺牲品。当可怕的自我本性显露之时,这种情况会发生在人与人之间、国与国之间。

在未来,实际战争的个别因素很可能会减低到零,因为在国际关系中,有不运用管辖形式以及不用展示任何显著的军事手段而能统治的强权。表面上拥有主权的国家,实际上是彼此依赖的。今日世界的主宰支配权,是否能以和往日一样的方式取得并行使,是大有疑问的事。一直以来看似理所当然的事,可能对历史是无足轻重的。然而,总会有某个地方,某个时刻,整体至少会有成功使用武力的可能。

在这种情况下,凡有整体认识的人,在战争中,或者站在某种历史相关的立场上,共同合作(也就是说,代表将真正人的存在带入存有),或者就根本不在政治上相争。那只会造成毁灭,或没有历史意义的枝节烦恼,总是隐藏在他的尊严之后,一个人无条件地冒生命危险,只有在真正的人的存在发生问题时才可能,也就是说,为了一种真正的历史的命运,而不是国家利益方面和经济合作上的问题。

然而实在却有其他的要求。在现有处境的视域中,所谓的整体是无法理解的。今日我们根本不可能相信席勒与黑格尔那个时代所相信的：世界史是一种世界审判(das Weltgericht)。挫败的效果可以和成功的实现一样真实。没有人知道在超越界前面何者优先。

三、政治活动影响的方法和范围

在直接使用武力之前所用的政治活动方法，在于训练意志，以使群众结为一体。但是在群众组织中，每一个突出的意志都具有一种特别难以理解的性质。由于领导者与群众之间的紧张，双方中任何一方如要采取实际行动的话，便很可能使对方瘫痪。

我们这个时代政治史上最根本的问题便是，群众是否能推行民主化，是否一般的人性都能够接受自己分内的责任，就如每一个公民都能意识到自己的所作所为，并且在决定根本的政治议题上，准备担负自己的责任，把它当作日常生活中的一部分。无疑地，今天大多数的选民在投票时，并不是根据正确的认识，而是受到无法验证的幻觉以及虚伪承诺的影响；选举的结果受到许多人弃权这一事实很大的影响；那些完全由于机运而坐上高位的少数人或官僚，才是真正的统治者。群众只能以占多数的选票来决定事情。唯一通往统治权的途径，似乎只有通过宣传、暗示、欺骗，以及鼓吹私人利益，而在选举中努力争取大多数选票以开辟出一条出路。

一位真正的领导人，只有在环境有利的情况下，而他的生活又具有连续性，并且能作出可让人信赖的决定时，才会有领导的机会。要紧的问题是：领导人在群众中所要求的是什么？他所要刺激的是哪一种本能，其效用如何？哪一种性格不适合当领袖？凡是在政治上决意采取某种特殊方向的领导者,必须使群众的意愿跟随着他所要做的事。这些群众可能只是少数人。但是我们今天很难碰到让群众深具信心,甚至让他们独立行动的领袖。我们这个时代的领袖,很容易受到不信任的对待,因此他们只能在控制和附带条件之下来行动,或者作为群众变幻无常意愿的代表者,虽然当民意改变时他们就不再是领袖了;或者,他们真正的性格一时未被认识,他们只不过是能使群众疯迷的成功煽动家;或者,作为具有共同利益的少数人的领袖,他们能独揽军事大权,而其他人无论喜不喜欢,都得服从。

领导阶层一旦如此,且当群众秩序被视为绝对,并由技术及经济支配时,国家受到那些违反并取消它根本观念的倾向控制,便会走上灭亡的道路。因此在某些情况下,一个在精神生活方面极为混乱的国家,只得在群众的理性生活秩序与那种没有它就不行的力量之间求得表面上的统一。因此,由于国家意识已经衰退,国家权力的实在性在使用武力时,以采用随机应变和随时修正的方式来表现。在其他情况下,就好像是这种没落的反动,国家意志成了统一、权威和服从的独裁式重建,这样的结果造成人类自由的丧失,而剩下的,除了粗鲁残忍,就没有其他东西了。这些转变的结果,领导阶层会变成武力的化身,也缺少了被提升到真正人性层次的合理理由。

如此一来,所有人类的政治命运便仿佛没有命运,因为只有在自我把握住生命,以其行动来接管生命、实现自身并胆敢接受挑战时,才有命运的存在。政治行动的影响范围在今天似乎只不过是人性在历史上尚待决定的领域。然而,这种精神处境面对每一可能的自我时都要求认知：甚于实际发生之事的知识，哪些事情是可能去做的。

此外，具体活动的影响范围已不再像以往欧洲国家彼此斗争时那样单纯了。一个无限复杂的世界，在个人付出多年的体验与研究之后，也只能理解其中部分的部分，一个充满混战，甚至弄不清作战对象的世界，由于缺乏专家的知识，只会是一个行动笨拙而无效率的世界。只有完全澄清那在行动压力下不断改变，并且不断自我再生的处境，才能使得行动有目标并有效果。

最后，当人在延长的一段时间内无法继续行动时，纵使最强有力的政治家，从多数人暂时的同意得到他的权力，并在占多数的情势消失时又失去了这种权力，他必然会注意，他的行动因选民支持的影响而修正自己的方向。他不对上帝负责，只对不能感知的群众负责。他得把其他在同样的处境中的当权者算进去。因此，政治活动影响的范围，在行动的方法中显示出来，但是却暧昧地被限定。凡尔赛和平会议便是世界一般处境的征候。由于前所未有的传播、交通工具以及新闻媒介，整个世界除德国外都参与了这次会议。舆论的势力引起了纷乱的倾轧，其中机会补足了谈判者的技巧，而在冗长会议上的厌倦、无聊，使得人们接受了那与主导精神原先所期望的大相径庭的结果。人们接受这样的结果是因为，若不接受的话，会议就会有完全破裂的危险。美国总统威尔逊原本希望建立一个新的世界秩序，却遭遇到明确的挫败，因为他身为一个无能的幕后操纵者，只知固执地坚守抽象的原则，结果留下一堆烂摊子，还被人讥为"理想主义的杂货铺"。

第二节　教　育

一、教育的重要性

人之所以为人，并不只是靠生物遗传的力量，而是主要靠传统对他的塑造。教育是在每一个人身上重复发生的一个过程。通过个人赖以成长以及有真实历史的世界的运作，加上父母及学校加诸个人有目的的教育，加上社会生活各种机构的影响，最后再加上所有他所见所闻和种种经验的影响——借着自身存有活动的努力，亦即公认的他的教养（Bildung），后者对于他，可以说已成了第二天性（seine zweite Natur）。

教养借着个人自身的存有，将个人带进对整体的认知。他从自我出来，走进世界，不再牢牢地停留在某个地方，因此虽然他的生活被抛掷到狭隘的环境之中，却因与所有人的生命发生关连接触而充满活力。一个人如果与一个更明朗、更丰富的世界结合为一体，他将更能够成就他自己。

当整体的实质无疑存在时，具有稳定形式的教育便拥有一种自明的价值。教育意指一种热忱，使代代相传而融入整体的精神之中，经验、工作与行动都得自于教育。然而教育工作者个人的成就本身却很难为人所察觉。他致力于一项无法进行实验的工作；他仿佛在一条河流中游泳，不同的是，这条河流是有规则而持续的水流，由正在形塑中的人类所形成。

然而，当整体的环境受到怀疑，并且处于分崩离析的状态时，教育也变得不稳定，并面临瓦解。教育已不再让儿童接触包罗万象的伟大整体,它提供的只不过是含混而繁杂的知识。世界笼罩着一种不安的气氛。在茫然若失之余,大家体认到,一切都要看下一代的表现了。大家都知道教育会决定未来人类的生存,教育的衰败就是人类的衰败。然而教育何时开始衰败?当前人留下来的东西在那些成熟而应负起责任的人心中开始粉碎的时刻,就是教育衰败之时。现在已有人担心,前人留下来的教育,本质会完全遗失。在这种情况下,有些人会回头看过去,对那些他自己已经不完全相信的东西,却要孩子们无条件接受。另外一些人会扬弃这种历史传统,他们把教育当作根本与时代无关,好像教育只包含技能的训练、实用知识的习得,以及传授那些使孩童能在当代世界安身立命的信息。大家都知道,谁塑造儿童,谁就塑造未来。

我们这个时代的教育,有下列不稳定的征兆:非常努力于教学工作,对学科却缺乏统一的概念;每年有数不清的与教育相关的新书出版,教学的技巧也不断地增强。今天每一位老师为教学所花的心血之多,是前所未有的,然而因为缺乏整体的支持,每每让他无能为力。除此之外,我们的环境似乎有下面的特征:实质教育瓦解,取而代之的是冗长的教学实验,以及可有可无的可能性。人类为自身争取而来的自由,被浪费在无用的事情上,成了空洞的自由。这个不相信自我的时代,却非常关心教育,就好像在教育的领域中可以再度无中生有一样。

当前年轻人所扮演的角色,可以表示出时代的特征。当教育具有从整体精神而来的实质时,年轻人是不成熟的。他们会尊敬、服从、信赖成年人,并且不会要求自己的地位;因为年轻的时期,只不过是为未来可能的使命作准备。但是当一切事情都处于一种分崩离析的状态时，年轻人的身价就不同了。世界已经失落的，我们期望从年轻人的身上得到。年轻人似乎有权利把自己当作一种具有原创力的起源。就连儿童都被允许参与学校事务的讨论。似乎在要求年轻人靠自己的力量去创造那些老师们不曾拥有的东西。就好像国家从前的债要由未来的一代来偿还，我们这一代浪费了的精神财富，也要由年轻人重新赚回来。年轻人所获得的分量是不实在的，而且没有掌握住目标，因为一个人必须遵循正途，一步一步地接受严格的指导，经过几十年不断的成长，才能成为一个成熟的人。

在受过这种贫乏与冒险混杂的教育之后，成年人若是尚未开创出自己的一番事业，而且处处碰壁，并意识到这种事实，便会产生一种对成人教育的需求——这也是时代的一个标记。从前成年人的问题只是知识推广的问题，唯一的问题就是知识普及是否可能。今天的燃眉之急却是从当代生活的根源中，不削弱旧有文化的力量，而在大众教育家、工人、职员以及农民所组成的社会中建立起新的文化是否可能这一问题。人在孤独之中，不仅要以理解实在来适应，还应该再度隶属于一个超越职业、党派，能将人类团结在一起的团体；人们应再度成为一个国家。无论我们对这种意义上的成人教育是否可行有任何疑问，都不该忘记上述使命的重要性。如果我们旧有的一切理想都将受到时代的现实因素打击的话，那么想要超越环境的企图或许注定要失败，然而努力仅是表示人性尊严的一个痕迹罢了。如果个人感觉他自己明显隶属的那个国家、民族已不再存在（或已经残破不全），如果在解体的无情过程中，一切都被吞没在群众之中，那么，无疑地，期望建立一个新的民族无异于不切实际的空想。虽然如此，这种期望还是有道理的。但是，在其间，除了朋友，就没有别的存在；事实上，很少人愿意与那些在根本上与他有截然不同思考方式的人交往。因此成人教育的运动，就目前所了解，并不是实在，而是在教育崩溃之后，时代的文化解体过程中，人类孤独无助的征候。

二、国家与教育

国家借着它自身的力量成为群众秩序现存形式的保证者。

群众并不真正了解自己所需。群众的需求和一般的事情相关，是可以用最粗浅的语词来表达的。当群众的需求决定教育的本质时，结果就是这一类的东西。一般人都想学可以在生活中实际应用的东西：他们想要与生活保持密切的接触，他们所了解的"生活"（就此而论），是一切可使生活安逸与舒适的东西，就连大城市中的传播工具也不例外；他们想要培养个性，这指的一方面是实用（被误称为"效率"），另一方面是没有纪律，这是指放任好恶给予自由，并乐于跟着流行的思考方式去做；他们抗议理想目标的严厉，因为这些目标要求存有划分等级而不只要求实用；他们希望个人能生活在一起不发生摩擦，并且否认人类本来就会负责的可能。

国家关怀青年的教育，在国家的架构之下，可以推行各项常设的教育。因为通过教育，才能造就支撑国家的栋梁之材。

今日看来，对国家而言，似乎有两种截然不同的可能性。

一方面，国家可以丢下教育不管，让群众需求自行发展，也可以违背群众需求，设法研拟出它自己的一套贵族式教育制度。在这种情况下，国家会借着主事者个人的政策，在没有任何统一或稳定的情况下来统治,结果会使主管教育的职位由执政党来分配。课程及教育实验花样繁多,在完全崩溃之前,都会被容忍,仅受到下面这种考虑的限制:凡事若终究得不到有力政治团体的支持,便无法建立起来。每个地方的学校都可能由于校长的个性而获得成功,只要他能自由选择他的助手。然而,就整体来说,教师都会处于一团混乱之中,无法彼此了解,受到机械的课表的束缚。在学校里没有真正的团队精神存在,所有的只是一些空洞的口号。相互的干扰使得连续不太可能。一切都显得乱七八糟,并且不断地有变动。儿童未曾接受真诚、伟大、高尚的情操熏陶,使他们的品格受到终生不能遗忘的影响。对年轻人在知识上的获得要求极多,因此当他们内心并没有留下深刻印象时,不成熟的心灵便充满了紧张。在某种信念的基础上,缺乏一种率直的客观,可以有力地抗拒个人是否有能力的主观。在培养个性上所做的努力已经超过了需要的,但是教师还是没有达到他预期的目标——品格的熏陶与养成。的确,儿童会发现,传统到处都被扯得破碎不堪,世界上没有一处是他可以昂首阔步的。

如果遵循另一项计划,国家会为了配合它自身的目标而控制塑造人格的教育。如此我们统一了教育,却牺牲了心灵的自由。基本的意见以一种宗教信条般的固定形式来灌输给人们,知识与成就以一种感受与评价的方式来教给学习者。极权主义在这方面的作为,以及我们所知的美国自由没落的事实,在许多细节方面固然不同,但是它们的共同之处是将人依据标准化的形式来塑造。

群众了解这种由国家武力强制的划一,也觉察到这种重复多样的漫无目标。但是如果教育再度变成在其全盛时期的情况,亦即通过历史连续性发展成为一种拥有完整自我的人之可能性,那么只有在学习与练习中谨守一切必要的规矩,并通过一种间接传达精神价值的信仰,才会发生。

这个问题根本不会有简单的解决方法。国家的权力在此也无法创造任何东西,而只能保护或摧毁。当我们沉思未来而意识到整体的时候,精神的处境会提出它的要求。只有在教学与训练之间的区分,那所有的人都能理解的普及教育,以及那种由精英分子所受内在心智训练的特殊教育之间的划分都不受群众评价的左右时,教育才能恢复它真正的水平。

第三节 整体的不可理解性

如果将整体看作世界的实在,那么全人类一般情况的看法,或者有限群众作为公共利益的看法,就会成为真确的。在不同的方案中,这种公共利益自身显示在主要异质的形式中:在永远和平的情况下,群众生活基本必需品的供应,表现为一个制度健全的乌托邦;作为国家本身存有的形上学,其他的一切都要为它服务;作为一种心智框架,人们普遍认可一种运动的思想,它将通过现在实际发挥作用的武力运作来改造世界,而无需任何试图预测未来的思考,作为一种自我限制的心智框架,限制国家和社会机构,支持不可侵犯的人权和有利条件,将为个人在其多面向发展中人可能的存在保留空间;表现为一个民族的历史生命。

这些形式在精神层面上相互冲突,并且也是触动先前暧昧动机的基础。但是,只要其中每一形式都宣称像一个抽象的一般原则一样有效，它就是假的。政治活动的发生，经常是在一个不可思议的整体中，是具体的历史情境的结果，每一个人、每一个团体以及每一个国家，都存在于某个特殊的地方，无论发生什么事情，都只有它自己特殊的可能，而不涉及整个人类。政治活动是整体意愿和决定的现实。是否作为实在的聚合体或超越者，处在一种终极依赖的情况中，这种情况是一直无法理解的。

然而，使得从含混到真诚有效的意愿、再到政治行动的转变特别困难的因素是，事实上，今日各国之间的战线与国家之内的战线都不清楚。

譬如，就政治行动所关心的人民整体实质，今天已成了可以质疑的，但仍未完全被人抛弃。民族主义运动在全世界变得愈来愈偏狭，然而对他们来说，"国家"只不过是一种共同语言（同时也是一种齐一化语言）的存在。国家在被逼迫失去这种自我意识的自由时，它便不再与人民一致。相反的，许多人为了依附在那性质相似的群众间的非历史性关系（威信存在于所有的民族），而放弃他们认为格格不入的虚伪利益阵线的象征——国籍。

任何思想清晰的人都不会参加这种战线。凡是真心期望参与人类命运者，都必须在较深刻的层面上努力。在以一种遗传继承为基础的精神传统中，一个人自身存有的历史连续性并不是一种简单事实的存在。这种连续性只有在它被自由认定时，才会成为像一股自我的力量一般的真实。当不再对自己的同胞具有信心时，现代人便处于一种可怕的境地。

我们无法强制命运配合自己的理想，命运起初在具体的历史情境中显现。自从法国大革命以来，人们就相信自己能够抛弃历史上留传下来的一切东西。这就好像一个人爬到树上,却故意要锯断自己所坐的那根树枝。我们幻想自己已经有能力以有目标的处理方式来掌握自己的一生,但是却可能产生两种新的危险:一是在企图给予整体生机时,危及自己的生命;二是陷身于前所未有的高压政治中,我们承认它的存在,却觉得自己不得不忍受下去。凡是要脱离自己历史的企图都被证明是失败的,因为历史以某些新的形式重新肯定了它的权力,去了解世界史当中的现在,是肇始于一具体情境中之政治结构的使命。当政治被视为某一国家自私自利的打算时,也意含了其他所有国家都可依情况变化随时变成敌人或盟友。一个国家会与另一个性质上根本不同的强国结盟,来对抗那些在文化上、历史上都相近的国家。譬如,英国要是与美国宣战,它无疑会与日本结盟作战。第一次大战后,英国与法国将印度雇佣兵和塞内加尔雇佣兵带到莱茵占领区。要是德国与俄国合作能使自己重获自由的话,它是不可能拒绝俄国施以援手的。

另外,甚至在今日,那些政策受到整体历史意识影响的国家,也会把个别国家的利益放在一边,而以整体人类存在的未来利益为重,这在西方人和东方人性格的对照比较以及欧洲人的自由心态和俄国人的狂热心态的对比中,隐约看得出来。这些国家并没有忘记那些连系日耳曼民族、盎格鲁撒克逊民族及拉丁民族之间深刻的人文及精神关系,而它们也尽量自制,不去背叛这种——事实上常为人背叛的——关系。

我们很难预料未来的战争会从哪里爆发,或者可以说,这是无法想象的;因为任何时刻显而易见的真实战争,永远无法符合人为其未来奋斗的存在的内在意义。

整体是一种不相容事物的紧张状态。它对我们来说并不是一个对象，而是在一遥远而晦暗的范围内，是人类的居所，作为自我依赖的存在，作为可见构造的创造，在感官中超感官的分类——一切都再度沉沦到非存在的深渊之中。

人类的自由很可能只有在这种紧张永不被消除时才能继续存在，而人类的经验也可以继续无限扩张。独裁政治以及一个供应群众基本需求的可靠社会体制，都导致一种机械化制度的建立，在其中真正的人却无法存在。一种可能的解决方式来自对平静需求的企盼。然而，我们真正应该期望的事情——如果有可能——便是我们全心想要解决的问题根本得不到解决。在政治上有这样的诡论（die Paradoxie）：凡是我们全力以赴想要达到完美的事情，就一定无法达到完美。

在教育方面，跟政治方面的情形是一样的。教育要基于一种精神世界的生命。教育不能源自于它本身，而是为了生命的传递而服务，此种传递直接在人的行为中表现出自身；它对提供人生基本需要的制度，以及对国家，都采取一种慎重的态度；并且它通过利用心理层面所创造出来的东西而屹立不摇。精神在我们这个时代的命运，必须决定这种教育的价值是依然可能的。

如果国家和教育丧失了它们的精神，如果缺少一个作为历史连续性领域中仲裁者的意志，如果国家和教育都处于一种在理性计划与非理性武力使用之间的混乱动摇之中，迹象就会显示，那凌驾一切的整体，丧失了它的功效，或者至少暂时失去功效。然而，当这种功效使人具有一种稳定与意义的意识时，它的存有就在不可能完成暂时存在的世界组织上显示出自身。

从国家与教育到精神整体、人的存在以及超越界的跳跃,并不是朝一实际存在于世界之实在的跳跃,而是进入另一个实在的跳跃,这个实在处于较高的存在层次,然而,在实际表现上,却是完全从属的——一个在紧要关头决定事情发生的实在。

第三章　精神的颓废及其可能性

　　我们了解国家就其为一有机体，乃是一种界限，是某种超乎群体生命的东西通过整体的意志来决定群体生活时，所不能逾越的界限。可是国家虽然通过它的权力成为决定群体生活的最高权威，但它对人本身的影响力却不是至高无上的。国家并不只是人的结合而已。纵使国家是由人组合而成的，对于人来说，整体的存在仍然是个问号；因为对于人来说，国家在时间的不断变化过程中，最多不过是个暂时的东西，它不是最终的权威。因此一旦国家沦为群众秩序的维护者，而不能左右真实的命运，并且一旦在这种依存关系下国家否定了个人在工作、职业、心智创造上的种种可能发展，那么具有自我的个人必然会在内心中反对国家。事实上，通过国家力量而建立的生活秩序是不能抛弃的，因为如此一来，一切都会毁灭；然而一旦生活秩序全面干预个人存在的发展，一种极端反对国家的情绪就会产生。

由于人无法以实现那超越个体生命之上的整体生命来达到圆满,他为自己塑造了第二个世界——精神的世界,在这一领域中,他以自身存有的普遍形式来肯定自己。无疑的,身为一种精神实有,他无法脱离生活现实,但在精神的提升中,他又超越了现实生活。在暂时摆脱现实的空当,他找到了回归那通过精神的透视与创造而达到的存有源头之途径。

如此回归根源的做法,精神的世界反倒先为人所塑造和发现。人借着对自身存有的认知,而超越那本身是被赋予的生命。那提供生活基本必需品的社会,由于它自身所具有的理念意义,变成一种精神创造的历程,而个人通过自身所受的教育,使这种精神创造达到圆满。精神在艺术、科学与哲学的领域中,为自身创造了一套语言。

精神的命运,处于依赖生活现实和创造力两个极端之间。无论是过分依赖现实,还是脱离现实的幻想,都无法掌握命运。纵使生活现实一直有一个理想支持,这个理想却可能会消失,而那原本的人的精神会像一堆残渣、一个配件、一张面具或一种兴奋剂一般,继续存在下去。

在当前这个重视群众秩序、技术、经济的时代中,有人企图使这种必要的体制绝对化,这对个人的自我是一种危险——精神的根基很可能会被摧毁。当人的精神不再靠自身的源头真诚地发挥作用,并因屈服于群众和其短暂目标而扭曲时,则精神和国家同样可能会瘫痪。

第一节 教 养

教养是生命的形式,它的骨干是精神的锻炼、思考的能力,它的领域则是秩序井然的知识。教养的实质包括了对现存的一切作形式的沉思、真实有效洞察的认知,对各种事情的知识以及熟练地运用语言。

一、教养与古典宝库

对西方广大群众而言,教养迄今只有在人文主义方面是成功的;但对个人而言,其他方面的路途都是开放的。一个人只要在年轻时学过希腊文和拉丁文,涉猎过古典诗词、哲学及历史的典籍,娴习数学,研读过圣经和本国的伟大文学作品,就会徜徉在一个广阔无垠、变化无穷的世界中。这个世界不但赐予他一种不可磨灭的内在精神价值,而且给予他通往其他世界之钥。只是这种教养由于实现不易,同时也成了一种淘汰方式。并不是每一个努力的人都能打开这座宝库。许多人失败了,他们所得到的只是些肤浅的东西。真正的关键所在,并不是对语言、数学或现代教养中的某部分具有特殊的天分,而是心灵的一种敏锐的感受力。人文主义的教养对个人产生的影响是有选择性的。因此,这种教养唯一的优点是:纵使教师能力再差,还是能有好的成果。比方说一个学生上课念希腊文学名作《安提戈涅》(*Antigone*)的长诗,尽管心中对老师所教的语法和韵律学不感兴趣,但仍然会有深刻的感触,因为作品本身展现在他的眼前。

如果我们提出何以这种人文主义的教养具有如此独特的优点,答案只有在历史的线索中求得,而与人文主义教养的任何理性目标无关。事实上对西方人来说,古希腊罗马的世界,已为我们能成为怎样的人奠定了基础。自从古希腊首先提出教养的理念之后,这种理念就一直为学者所遵循。在西方,每个伟大的时代都出现在与古典世界重新接触之后。一旦古典世界遭到遗弃,野蛮时代便接踵而至。正如一艘船的缆绳松了,就会随波逐流、失去方向,每当我们与古代世界切断关系时,遭遇也一样。无疑地,古代的世界才是我们的根基——虽然有可能改变;而欧洲各民族的传统,只是次要的,并且缺少独立的文化动力。我们都是西方世界的一分子,我们也都各属于某一个民族,每一个民族又是各自吸收了特定的古代文化而形成的。然而,今天绝大部分的人把古典的文化顶多视为理所当然。真正认识到它重要的人是愈来愈少了。

二、教养水平的低落

在群众秩序的生活中,一般大众的教养总是为了配合一般人的需求。当知识为了普及大众,为使所有的人都能得到粗略的理解,而以合理化的方式尽可能变得贫瘠、无创造力时,精神就开始颓废。结果水平逐渐地低落,成为群众秩序的典型特征,那些受过长期的思想和观察训练,并因而获得精神创造能力的知识分子阶层,也逐渐消失不见。"群众人"根本没有什么休闲的时间,他所过的生活并不隶属于一个整体,除非为了某种具体而有实利的目标,根本不想白费力气去从事。他并不会静待时机成熟;他所做的每一件事,都要能得到直接的报酬;甚至他的精神生活,也得对他提供短暂的愉快。那也是为什么短评会成为通俗的文学形式,为什么报纸会取代书籍的地位,闲杂刊物会取代优美的文学作品。一般人看书时,都因贪求快速而草草了事。他们要求简短,但并不是那种能作为严肃沉思起点的精简,而是短到能迅速提供他们想要知道的东西，和过目后迅即遗忘的那种简短。读者早已不再与他所读的作品有心灵上的契合。

目前的教养意味着某种从来不具有形式的东西，要从空无中以非凡的强度显现出来，又迅速回归其中。典型的鉴赏就产生了。人们对于听过的事情，很快就会感到厌倦，因此要不断找寻新鲜的玩意儿，因为除此以外，没有其他东西能让人得到满足。新奇的事物受到人们的欢迎，它是人们追求的主要知识；但是过了不久，这些事物不再新鲜，也就遭人遗弃了，因为人们所想要的只是噱头。追求新奇者充分了解自己所处的时代，那是一个新世界正在形成，而过去不再有价值的时代，他们不断地谈论着"新潮"，就好像因为新奇就一定会有效一样。他们谈论"新思想"、"新人生观"、"新体能训练"、"新客观性"，以及"新经济"等。任何东西凡是被冠以"新"的称号，就具有正面的价值；凡是不具"新"的称号者，都被视为毫无价值。虽然一个人没有可以称道之处，但他仍然具有一种悟性（Verstand），并且在遇到困难之时，能运用这种悟性来解决问题；而只有具备聪明才智者，才被认为具有真正存在的心智能力。人们失去了与同伴之间亲密的关系，除了相互利用外，已不再有爱的存在，只有在一个抽象理论的层面上，或为实现某种明显的目标而有同志和敌人的关系。一个人被认为"风趣"，并不是由于他本身的缘故，只因为他让人感到刺激；而一旦他不再令人惊讶，刺激就不再存在了。一般人说某人"有文化素养"（gebildet）时，所指的是，他具有表现新奇、机智和风趣的能力。这种文化素养的具体表现就是讨论，这在今天已经成为一种群众现象。然而，讨论除了在上述三方面提供乐趣外，只有在它能表现相互冲突的命运的挣扎，或传授那属于一个共同组成的世界的经验与认知，而作为一种真正的沟通形式时，才能给人真正的满足。

知识与其表达大规模的普及，导致语汇与语句的耗损。在现存的教养混乱中，任何事情都可以说，可是仅仅这样说却没有任何意义。语词意义的含混，使得彼此心灵之间一种起码的相互了解都变得不可能。当语言不以原本的意义来使用时，便失去了作为沟通工具的目标，它本身却成了一个目的。假使我透过一面灰尘满布的玻璃窗来看外面的风景，又如果我的注意力集中在玻璃本身，我便看不到外面的景色。现今人们根本不试着使用语言作为默思实有的工具，却以语言取代了实有。实有应该是"原始的"或"最初的"，因此避免了惯用语词，以及特别是一些可能表达真正价值的、较高阶层意义的字眼。不熟悉的语词可以创造出一种类似于原始真理，以及有赖于使用新字眼之深度。人们认为，智慧应该在给事物重新命名时表现出来。一般人在乍听之下，对于不熟悉的术语，由于惊奇而会稍加注意，但到后来，新名词用多了，便陈腐了，不堪使用，显示出它本身不过是个幌子。这种出于本身的缘故而集中对语词的注意力，是努力要在教养的混乱中发现形式的后果。结果造成今日教养的表现，要不是一种随你高兴便可用任何字眼来表达的闲扯——其中掺杂着一知半解和言过其实，便是跟事实无关的滔滔赘言。语言对人之存在的根本意义，由于人们的疏忽，而变成了一种魅影。

夹在这种无法抗拒的崩解过程中，那显示出向上提升的教养现实却有增强的现象。就精确的专业知识而言，专家知识成了一种理所当然。各种专长能力，现在也划分得极为严密；相关的知识，能由相关方法的实际研究而获得，并且可以在结果上化约成最简单的形式。目前的混乱，正好提供给人们表现专门知识的机会。然而，这种专门知识普及之后，每个人都只专于一样东西，而通常他的能力也极为有限，并不能显示真正的他。

三、历史的同化作用

一种对教养的敌视（Bildungsfeindlichkeit）兴起，将精神活动的内涵贬抑为技术的层次，以及最低限度生存的表现。这种态度与全世界以及个人生活的技术化过程相关。就在这种过程中，世界上所有的国家，在历史传统上都出现了一种裂痕，因此，每一件事情也都有了崭新的基础。除了那在新世界中找到的由西方所创的技术理论外，没有东西能继续存在。虽然它的起源是西方，但在意义和影响上，却是普遍有效的。也因此，人的存在在根本上有了动摇。就西方而言，这种动摇是有经验以来最为广泛的一次；但因为它是西方精神成长所特有的结果，它属于世界连续性的一部分。在西方以外的其他文明中，它如同一次大灾难似的侵袭它们。没有任何东西，能以传统的形式继续存在。印度及远东的伟大文明古国，遭遇到同样根本的问题。它们不得不为了适应科技文明的世界，而在社会的因果上作一种改变，不然的话，它们就会遭到毁灭的命运。当一种对教养的仇视破坏了一切现存的事物时，精神的事物在重建的过程中，只能由一种历史的记忆来保存，这种记忆并不只是一种对于过去的认知，而应该具有现代人生命的活力。缺少这一点，人就会倒退回野蛮时代。我们这个时代危机的过分偏激，在那份回忆所参与的永恒实质面前，便显得黯然失色。

因此,对过去的敌视,是一种与史实新评价俱来的混淆。这种史实本身,一直和作为假史实的历史主义有冲突。作为纯粹过去知识的记忆,不过是对古代数不清的资料的一种收集而已;作为纯粹充满着理解沉思的记忆所显示出来的过去意象与形象,都只是一种含糊不清的表面印象。非要等到记忆采取"同化"的形式,现代人自我的实在性才会以相当崇高的形式表现出来;接着,也可作为他自己的感受和行动的一种标准;最后又分享了他自身的永恒存有。回忆模式的困难,便是这种教养是否仍旧可能保存的困难。

各处普遍散布的机构,有助于保存过去的知识。现代世界对这种机构关心的程度,显示出一种深藏的本能,在文化普遍受到破坏时,这种本能却拒不相信历史的连续性有完全断裂的可能。过去的作品被保存在博物馆、图书馆以及档案室内,人们也意识到其中所保存的是一些无法取代的东西,即使在目前,或许人们还无法恰当了解它的价值。今天所有党派、思想,以及所有国家的人们,都支持这种行动,他们那种忠心耿耿的态度,在过去从来没有那么普遍或理所当然。历史古迹要尽一切可能来加以保护和照顾。古代的伟大事物,就像木乃伊一样,继续保存着,并且成了膜拜的对象。那些在世界史上具有重要意义,以及在一国独立史上绽放过光芒的地方,都成了外国游客的观光胜地。整个欧洲,可以说,已经成为一座展示西方人历史的庞大博物馆。若从历史的节庆,国家、城市、大学、剧院等创立纪念日的庆祝,伟人生辰的庆祝等趋势看来,即使不具有固有价值作为特征的任何成就,本身仍然显示出一种保存传统的意愿。

只有极特殊的个人,才能从自觉的追念得到全面直觉的理解。

他仿佛将现在抛弃,而重返过去的时代去生活。那些过去的和已完成的事,就好像是一种没有内容的文化要素,继续存在着。千年历史的全景,就仿佛一个让人充满快乐遐思的领域。在 19 世纪时,这种对过去的态度表现出一种前所未有的宽大与客观精神。沉湎于过去,可使人们忘却现在的种种痛苦。当人们得知自己的祖先所有的伟大成就时,总不免忘情于快乐的回想中。一个人文的世界(Bildungswelt)被建构起来,它是在过往书籍与见证者的纯粹生活传统中形成的。最初一批沉思者的追随者,将他们那些伟大先驱的所见所闻的独到之处,以晦暗的意象传留给后人。那些伟大思想家原始的思想创见,由后来的徒子徒孙保存下来,仍然吸引着许多学者努力通过理解,或通过语言与理论来重建当时的世界。

然而,对古物的研究和图像的理解,在最后的分析中,只有作为目前可能实现的指导时,才能享受其权利。历史事件的同化,不只是对某事的认知,也不像有待恢复的黄金时代,因为它从未容许衰败。同化作用只有通过人之存在的再生才会发生,借此再生,过去由于进入了一种精神领域而转化,而在此领域中,我靠着自身的原创力而成就了自我。文化经由过去的同化作用,为了使我们可以轻易地逃避现在,并不足以把现在摧毁成毫无价值的东西。同化作用的功能是,使我借着对过去高度文明的注意,而能找到一条通往今日可能实现的成就巅峰。

凡是新获得的财产,都是某种改变现状的东西。一笔文化的虚伪史料,只是一种重复过去的意愿,但是真实的史实却准备找出供养一切生命以及目前生活的来源。因此在没有目标或计划的情况下,也会有真正的同化作用产生。然而,追念的实现动力是很难估计的。当前冒着历史延续中断的危险,我们必须小心翼翼地掌握这种追念的机会。因为一旦历史发生中断,人就会走上自我毁灭的路子。当新生代进入群众生活秩序的机械化世界时,他们发现,在这个空前富裕的时代里,诸如书籍、雕像、绘画、建筑、纪念碑以及各种其他作品,都可作为纪念过去的工具,就连旧日家庭日常生活中使用的器物也不例外,这一切都是用来提醒他们自身根源的方法。紧接着的问题是:人的存在,在它的历史真相中,对此现象究竟作何解释?

作为纯认知与理解的教养,一方面或许可以不切实际地期望能重建那无法挽回的历史,另一方面却忘记了,每一历史情况,只能有自己的实现可能。与此相对的是,一种呆板生活方式的坦率,在历史沉思的领域中,所期望的只是其行动绝对必要的条件。真正的教养宁愿自身的同化减至最低,也不愿在一较广阔世界的蜕变中丧失自身。似乎就是由于这种刺激,坦率真诚感以及存在朴实感,在历史和其他方面都发生了影响。此处的关键,并不只是多样的价值,最重要的是那可让人向所有时代发言所处的巅峰。今天乏善可陈的东西,却与伟大的事物相结合。浪漫的热情在与当代生活现实的冲突中必定会遭遇的幻灭,转变为对真实不具幻觉的沉思,这种沉思同时是成果丰硕的。

四、新闻界

报纸是我们日常生活中不可缺少的精神食粮,它让我们得知群众所发生的事。虽然起初新闻只是意见传播的单纯女仆,现在却成了世界的支配者。报纸所创造的,是一般所能吸收的生活知识(Lebenswissen),与之正好相反的是专家的知识(Fachwissen),这种知识只有行家懂得,因为它所用的术语,是无法为未受过专门训练的人所理解的。这种以报导方式出现,并把实证知识的研究仅视为一种过渡时期的生活知识,成为当前这个时代的无名文化和一种仍在创造过程中的文化。作为一种理念的报纸,赋予了实现辉煌群众文化的可能性。报纸的报导往往避免含混、浮泛和肤浅的语词,为的是对事实作一种鲜明的、包含建设性的和意味深长的展现。它接受一切在灵性领域内发生的事,包括最深奥的事情以及最优美的个人创作品。它似乎借着搜集事实而进行重新创造的工作,它使时代意识到,某些本属少数人专利而未发挥作用之事。借着它的潜移默化,它使原本只有专家才了解的东西,让一般大众也能理解。与我们这个时代相比,古代的文学作品表现了一个具体而细微的纯朴世界,不但可以拿来作为一种典范,而且确实已经被某些人当作学习的模范。人的本性(eine Humanitas),就是能将心灵之窗向四方敞开而直接沉思事情。然而,由于现代人生活的种种事实过于复杂,世人要求的知的权利是根本不同的。

从每天印出来的五花八门的垃圾般的报导之中,找出字字珠玑、精简隽永、充满洞见的文章(其实并不常见),对现代人将会是一种极大的满足。这些珍贵的心血结晶,是心智训练的结果,在报上发表出来,并在不知不觉中影响了现代人的意识。当我们清楚地了解新闻记者日常报导的深刻意义时,我们对他们会愈加地尊敬。日常发生的事情,不应局限于那些直接目击者知道,因为新闻记者的任务便是把事情披露给众人知道。刹那间的言论却具有无远弗届的效果。这样的言语，在与生活最紧密的接触上，是一种成就，它通过修正那些在群众中人们所持有的观念，而多少决定了事情发展的趋向。经常令人感到遗憾的是，报纸上的文字无法对读者构成深远而普遍的影响——事实上，报纸的言论是变化无常，而且短暂的——今日却能通过读者主动的参与，而成为真正现实世界的一部分。因此记者都负有一份特殊的责任，他虽然默默无名，却从那份责任得到了自信和强烈的荣誉感。他深知自己握有可操纵一般人想法，并干预事情进行的法宝。由于此时此刻他手中握着社会的公器，有能力针砭时弊，他成了塑造现状的合作者。

然而，他极有可能在道德上堕落。的确，没有任何危机可以影响到新闻界。新闻的王国是受到保障的。在这个王国中，争的不是自身宰制力量的生存，也不是反对那些原本的敌人，而是要让现代人独立的心灵继续充满活力地存在，还是任其凋零。那些必须在极短暂的时间内动笔并思考的人，应该不停地写，虽然要在很仓促而且没有办法多考虑的情况下来熟练地下笔，这种事在我们大家看来，是不可避免，也是容易理解的。然而，这个职位最具危险的特征便是：新闻的责任和心智创造力，会因为记者必须顾及群众的需要与政经要员的意愿，而受到危害。经常有人说，新闻记者根本不可能在精神上保持光明磊落。如果想要报纸畅销，他必须迎合千万大众的口味。煽色腥的作风、写鸡毛蒜皮的琐事，呈献尽量避免让读者太伤脑筋思考的东西，这样的做法都足以使他的写作水平日益低下，而不足取法。如果新闻界要生存，它就必须唯政治和经济势力是从。在如此的控制下，记者便培养出了随意捏造的本事，并且乐于为那些违反他们道德良心的事情作宣传。他们得听命行事。只有在生命的主宰力量本身有一个理想来支持,并只有在记者和各方势力都保持和谐时,他才有可能完全真诚。

创始一套具有自身伦理的社会阶级制度,是我们这个时代的特征。事实上,这套制度在精神上主宰着世界。它的命运是和那世界的命运一致的。假如没有新闻媒体的话,现代世界便无法继续存在。结果不仅取决于读者与现存的势力,也取决于人类的主要意愿,后者借由其精神活动形塑了这样的阶级社会。终极的问题是,是否群众属性(Masseneigenschaften)会通过可能性的运用,毫不留情地摧毁人类可能成就的一切事情。

记者能够了解现代一般人的理想。他能够将自己投入日常生活的紧张与现实之中,并对之采取一种反省的态度。他能够找出时代灵魂大步趋前迈进的最深奥领域。他有意将他自己的命运与时代的命运交织在一起。当他面对虚无时,会警觉、苦恼,并且逃避。当他能够满足大多数人的胃口,并且也因此自满时,他就变得不真诚了。当他真诚地实现他当下的存有时,他便向上超升。

第二节　精神创造力

那在全神贯注中,不理会环境的短暂需求,去找寻自己活动领域劳心工作的人,都有较长远的眼光。一个"个人"走出自己进入世界中,为了解究竟他能从外在世界中得到什么。这种劳心工作的特色,在今日似乎受到了衰退的威胁。正如同在国家社会主义体制(被大家认为,是供给群众基本需求的一种手段)之下,经济的需求为了私有财产制度的利益,而不当地利用了国家,因此艺术变成纯粹的娱乐（取代了一种超越的象征），科学成了对技术实用的关怀（取代了求知意愿的满足），哲学成了一种空洞的理论，或歇斯底里和捏造的知识（取代了那防范偏激思想的怀疑和危险的人之存有）。

在几乎所有心智活动的领域里，都有辉煌的成就。许多成就表现不但极为卓越，而且甚为惊人。只是那些成就不是缺乏内涵，就是少了精髓，若有了这些内容，就是外表上比较不如的东西，也会更值得人们去拥有。

精神活动可能性的增加，似乎开启了前所未有的前景。然而由于愈来愈多的条件限制，这些可能性似乎遭到破坏。新生的一代不再具备过去那个时代的学识才艺。似乎人类已不再能运用双手来掌握过去的收获。

在一切工作之前，以整体来看，并没有确实的限制，能够不知不觉地指出一条通往能依靠自己获得圆熟的路。几世纪以来，精神创造的工作，一定是由那些有内在源头活水的人完成的，这一事实极为明显。事实上，自古至今，孤寂一直是一切内在创造活动的基础；但是，这种孤独和它在历史上所属的民族是相关的。今日精神上有创造力者，不仅要生活得像个隐者，而且要表现出好像有一崭新的开始，不与任何人接触，不论是敌是友，一概远离。尼采是第一位表现此种孤寂的遗世独立的突出人物。

既未受到上一代或这一代的支持，又与真正的传统脱了节，精神上的创造者不再是追求完美的团体成员。他在一个专制的环境中，并不急着想办法或遽下结论。他受到意外事件的威胁，在这种事件中，他无法大胆向前迈进，只有虚耗自己的精力。世界并不给他加上任何的使命。他必须选择自己的路,而自行负责。若是没有反应,或者只有不实的反应,并且没有一个真正的对手,他就会失去必要的自信。如果要避免缺乏这种注意力,他就需要几乎超人般的精力。因为缺少坚定而明确的教育,亦即一种有确定目标的教育,这种教育使得最高的目标可以达到,使他必须在连续的失败中迂回前进,并且当开始的时刻早已错过,到最后才开始看出有真正着手的可能性。就好像被人剥夺了呼吸的自由,因为如果要成为任何经久性事物的精神创造者,他就不再受到精神实质世界的包围,而个人又必须从这个世界中成长起来。

危机的发生,在于艺术工作坊的陶成教育违背了艺术,因为这种教育不仅是训练,也赋予了艺术作品内在的价值;与科学相违背的,则是认知与研究方面的训练,因为这种训练是由一种整体意识来支持的;与哲学相违背的,则是代代相传的信仰。取代这些东西的,则是技术性的例行公事、纯手艺上的灵巧、形式、精确方法和徒劳无益的饶舌。

因此,那些仍旧尽力想要表现创意的人,注定要发现他自己根本无能为力;纵使不然,他们所创作出来的东西,充其量也只不过是不完整和没有结果的。只有少数几个人,能具备企业所要求的超人能力和取悦群众的本领。

一、艺术

建筑在我们这个时代,是无论才俊之士或一般大众都推崇的艺术。工程技术的客观性一直在默默地发展,直到日常使用的器物改进到精良完美为止。此处对那些可有效控制的事情所加的种种限制，促进了一种改良，这种改良使得人类技术的产品似乎具备一种自然的必然性，因此没有瑕疵，没有粗糙，没有重复。但是在这种技术的客观性里，无论它是怎样完美，都没有先前流行的那种韵味，我们对于自明而清晰的线条、空间和技术的形式，不会有自负的满足。因为我们的时代还没有发现一种自己的风格，即便对于自己真正的需求也没有充分的了解，社会上大都以功利主义为目标；而现代教会彼此间似乎缺乏默契与沟通，因为他们在目标上缺乏恰当的技巧。此外，不满在不知不觉间会导致技术纯正的障碍，当然，在某些庞大的建筑物上，我们发现它们的成功之处并不只有实际形式，而是有某种风格。在此似乎让人觉得，建筑师在互不敌视的情况下来竞争，共同努力达成某种大家公认可代表现代人一般生活情况的目标。夹杂在某些丑陋的欧洲建筑物当中，在某些大型公共建筑物中，在都市建设、机器、交通工具、住宅大楼、公园等当中，在近几十年来已然显现出一种简单而纯朴的面貌，同时也表现出积极可喜的一面，以及对整体环境和谐的重视。对于这类事情的创造，不但超越了一种迅即消逝的流行的表现，还具有永恒的价值。

然而，我们这个时代的典型趋向，不但没有努力去创造具有真正价值的事物，赋予事物一种无法估算的形式美感，并在此形式中克服纯粹技术的大胆作风，反而借着一连串的任意改变，从客观性质朝着相反的主观性质发展。技术世界的冷静沉着精神（在这一世界中虽然缺乏超越性，机器却经过改进而完美），由于现代建筑几乎舍弃了这条具有创造性的成功之途，而逐渐消失。虽然如此，似乎在原创力方面，今日还没有其他的艺术能与建筑相提并论。

在过去,雕塑、音乐、诗词与人的完整性是密不可分的,而人的超越性在这些领域中也清楚地表现出来。艺术本来是表现这个世界的风貌的,目前世界已经受到破坏,接着而来的问题是:具有创造力的艺术家,在哪里才能找到真正的存在?这一存有目前虽在沉睡,但只有通过他才能浮现于意识中,并得到成长。今日似乎各种艺术都受到鞭策,要在生活中求进步。它们找不到任何地方休息,或展示它们的价值。由于早先印象派(Impressionismus)仍充满沉思的静谧气氛,而自然主义(Naturalismus)仍以目前的征服作为艺术创作可能的题材,似乎今日的世界在经历种种变动之后,已经完全丧失了创造性的静谧能力。原本认为心灵是个可在艺术中反映出来的世界,这种看法已不再流行了。面对这种情况,人们似乎哭笑不得,甚至挖苦也是愚蠢的。即使运用自然主义的手法来掌握实在的企图都超出人的能力。描述个人的痛苦、对当前的种种特征做出意味深长的描述、把事实写进小说等,当然都是成就,却还不是艺术。

今日一如往昔,不管愿不愿意,艺术都得把超越者表现出来,经常要以引发现代人信仰的方式来做。当艺术一而再地告诉人们上帝是什么,以及它自己又是什么的时候,那个时机可能就成熟了。虽然我们确实参与了我们同时代人的劳动,但只要我们仍得在过去悠久历史的形式中默思人类的悲剧、真正存有的光辉(并不是因为古老的艺术比较好,而是因为我们还没有自己的真理),我们这么做,仍是因为意识到我们无法把握自己的世界。

今日对大家而言很明显的一件事,就是艺术内涵的沦丧。只要在技术性的群众秩序中,艺术成为这个生活的一种功能,它就会跟运动一样成为一种娱乐。作为娱乐，它确实可消除工作的压力，却无法促进个人自我的成长。艺术所有的，只是一种具体游戏的客观性，它并不具有超感官事物象征的客观性。对于一种新的形式附属品的寻求，发现了一种不具充塞人本质的内在价值的形式训练。在对超越者存有的沉思之中，并未促成意识的解放，它却成了自我可能性的弃绝，在此种行动中，超越者初次显示自己。这些方面艺术的学习，无疑地，需要显著的能力；但是从根本上，这种艺术却诉诸平常的冲动。这种艺术要极力反对人之为人的真正本性，却支持一种直截而赤裸的现在。沉湎于过去的伟大，或对超越者所说的话感到欣喜，都显示出虚幻。在一切客观性之中，此处的形式变成技艺，建筑变成计算，而抱负却成了一种对创造记录的要求。艺术一旦沦落到这样一种功能，它就变成没有原则的了。每天不断改变，一会儿认为这个重要，一会儿又认为那样好，人们到处追求的只是噱头。它必然缺少那往常无可挑剔的道德实质、内在价值的约束。它从根本上是混乱的，不管它的客观能力表现如何。在艺术之内，生命只看到它的生命力或它的否定，时尚对它只是另一种生活的幻觉，是一种技艺的浪漫主义、一种形式的幻想、一种享乐的剩余，是冒险和犯罪、愉快的无聊，以及似乎要在无意义的冒险中克服自己的生命。

对那些对艺术采取这种态度的人来说，剧院只不过是个娱乐的地方，是满足好奇和幻觉需要的地方。尽管如此，真诚的语调还是可以听到，或许我应该称它为一种低沉之音；但那是很容易被掩盖的。

电影显示了另一世界，不然的话，它就会一直不为人所见。我们为人类表面实在的轻率暴露而着迷。我们的视觉经验扩大到所有的民族和所有的国家上。但是银幕上显示给我们的并不是很完整，也无法使我们停留在景象上面。我们在银幕上所见的，不仅够刺激，而且令人感动，因此我们难以忘怀；但是在电影院里所花的大部分时间是要付出代价的：在观赏的兴奋过后，内心会有奇特的忧郁感。

观赏的艺术仍然具有一种传统的技艺。它较新近的发展，能够在片刻之中就发挥强大惊人的影响力。德国著名制片人兼导演皮斯卡托的一部影片中，有机器、街景、大腿舞、阅兵等百般杂陈，一方面展现出一种赤裸裸的现实，另一方面也将观众带进一种非现实的境界。当所有剧情都像鬼魅一样投影在银幕上时，作为放映工具的电影机，似乎使人忘了这部机器的存在。然而，通过这种遗忘，存有的意识失掉了，剩下的只有虚无，这会在观众身上产生一种对生命的战栗。这种现象的反作用之一，是政治趋势变得无效，变成只不过是一种装饰。

现代演员能够对人生的主要情绪作出自然的表演：憎恨、挖苦、藐视，淫荡的情欲、滑稽的样子。然而在大多数场合，演员在需要表现人性的高贵时却失败了。现在要找一位能够愉快胜任扮演哈姆雷特的演员，恐怕很难了。

莫扎特的歌剧演出仍然能受到热情观众的赞赏，而最好的古典音乐仍可以维持高尚的风格，并且不用迎合群众的低级口味来表演。我们实在不必追究欣赏皮斯卡托电影的观众和欣赏莫扎特音乐的观众究竟谁的素质较高或谁更接近真理。这里我们并不在乎找出答案，因为这二者根本无从比较。皮斯卡托的观众在混乱的影像中突然意识到生命是虚无的赤裸事实;但是在古典音乐的再现中,我们清楚地体会到真正的存有。

音乐在今日已成了雅俗共赏的艺术。与建筑截然不同的是,音乐在再现过去时,是最不受拘束的。这是它影响的核心。当然,这里指的是古典音乐。就现代音乐而言,它只是有趣,而没有深沉的魅力;它的特点在于有吸引力,却没有一种成就感。

二、科学

甚至在今日,科学仍不断获得非凡的成果。精准科学,或者说自然科学,在它们的基本观念上和经验的结果上,都已经开始了一个充满刺激的和快速进步的阶段。全世界的科学研究者已经建立了理性的相互理解关系:一个人将球传给另一个人。这种过程,在群众迅速理解其结果后,即有反应。在人文科学(Geisteswissenschaften)中,一种紧盯事实的眼光,已经变得像显微镜般地敏锐。各种文物以及纪念物的丰富,已经到了前所未有的程度。严密的安全措施已经达成了。

不过自然科学纷乱杂陈的进步,以及人文科学领域的扩张,都不能阻止一般人对科学所日益增加的误解。自然科学缺少一种全盘性的眼光。不管综合的程度怎样,它们的基本概念比较接近于实验的程序,而不属于已被人征服的真理。人文科学缺乏人文主义教育的情操。的确,它们获得了有价值的证明,但是它们都是排他主义,给人的一种印象就是,它们仍想尽力改善那种或许根本无法改善的事。在文献上及批判上,反对一种全面哲学史观的研究运动结果,使人无法把历史当作人种种可能的总和。将历史知识扩展到几千年前,无疑会产生客观的发现,但是却不曾导致人性有任何实质上的新鲜同化,对于人类过去的一切,似乎让人普遍感受到一种可怕的冷漠。

然而,科学的危机实际上并不在于其能力的局限,而在于对科学意义的认知。由于整体意识的衰退以及知识的无涯,人们开始怀疑知识是否值得去探求。当知识只在任何全面性哲学之外才被视为有效时,它才会因为它的技术实用性而受人重视。它会陷入那些根本没有人关心的事情的无限领域之中。这种危机的起因,部分是基于科学本身的进展。由于科学知识的浩瀚无涯以及科学方法的精进和增多,每一新生代在从事科学研究工作之前所需要的基本知识也逐渐增加。很多人可能会认为,科学已经超乎人类能够掌握的界限。在人们熟悉先前征服的领域之前,死神的脚步便已逼近了。然而,当人们为了明确而统一的目的追求科学知识时,它的无限便被人忽略了,而学生满足于掌握某一特殊部分的基本原理和见解。自从人开始认真思考以来,知识的范围已经超过了任何博学者的所知领域。然而,每一个时代必要的洞识已经显示了掌握知识所需的方法。科学是什么,是可以为个人以及所有具有认知能力的人所理解的。因此,在目前我们的知识和能力所处的阶段上,过去传留下来的条件或许代表了一种还没有把握住的独特可能性。

事实上,今天人们不断地追根究底,寻求最终原理并据以相互攻击,对那些只具有半吊子知识的人加以怀疑。当知识缺乏稳固的基础时,所知的无异是空中楼阁。可是这种知识观仍为那些不参与其事的人所采用。无疑的,对新原理采取的创造性步骤,使已建立的知识殿堂发生动摇。然而在不断的研究中，虽然对旧有的知识仍然不断地质疑，这种研究却在一种新的意义下，为相关科学的整体添加了新知，这种知识也再度有了稳固的基础。

因此，危机真正所系，并不在于科学内在的发展，而在于承受科学环境的人类。处于危急存亡关头的，并不是科学自身，而是在科学领域中的人。造成危机的历史——社会方面的原因，可以在群众生活中找到。个人的自由研究转化成科学研究事业的结果，使每个人都认为，只要有理解力、肯奋发，大家都有能力共同参与研究。一种科学上的平民作风正在兴起。那些自诩为研究者的人，只会作空洞的模拟；他们记录一切数据，作明细表，作详尽描述，并告诉我们他们对经验科学所作的贡献。各种类型不负责任的人，敢于发表自己草率的意见，他们相信自己是言之有物的，这种事实促成了纷然杂陈的见解。他们把脑筋中出现的第一个想法提出来讨论——只作为讨论的题目，实在是够厚颜无耻的。在群众的心中，印刷刊物过分泛滥，在许多领域中，最终只不过是一团混乱的展示，这种混乱在原本有活泼思想的地方流行，但是现在只有一些不完全让人了解的痕迹。当这样被认为的"科学"成了那些成千上万代表不同兴趣职业的工作者的一项函数时，一般人的素质造成了对研究的感情与对文学的爱好的丧失。有许多学科，在其中只凭学问上的名气与捏造的新闻就能——至少暂时——创造惊人的成功。这一切的结果，都是对科学的无意义的确信。

在科学领域内，持续有着成果丰硕的发现，而这只有借着技术验证的判准才成为可能，理由是不再有任何原始的求知欲来推动研究者达到目标。在这种情形下，技术领域内的发现所带来的金钱报酬可以助长科学的研究，这正可取代原始求知动力的丧失。这种现象培养了一种心态，由于这种心态的产生，虽然错误是纯粹主观的，却造就了一种客观的危机。对于科学的心理排斥过程，因群众的机械式生活而继续，但由于种种奖励，有能力的才俊之士继续献身科学的研究工作，虽然他们并不真正喜爱科学。

在大学里的群众生活，往往会毁了科学本身的研究。科学必须迎合大众，而大众所关心的无非是直接实用的成果，一般学生的学习也只是要通过考试，并获取考试成功所给予他们的地位。除非能保证获得实际有利的成果，研究是很难推动的。照这样来理解，"科学"只不过是可学习事物的合理客观性。原本充满"勇于求知"(sapere aude)精神氛围的大学校园，退化成了中小学一般。一份强制执行的课表，使个人免除了自己找寻方向所会有的冒险。但是，没有自由的冒险，就不会有独立思考的可能。最后的结果是，专家的技能或许是广博的知识，成为博学者，而非研究者，成为流行的典型。科学的没落，从目前人们对此二者混淆不分的事实可以窥出端倪。

真正的科学，是属于那些专心致力于科学研究的知识贵族。除了科学的危机才能阻止的原始求知愿望，个人要冒险才能得到。无疑的，在今日，任何人想要终其一生献身于研究事业，总是有些不太正常，毕竟一般大众不会有人愿意这样做。甚至那利用科学作为各种职业的实用目的的人，如果就性质来说，只不过是一个科学的参与者，而在内心中，他却是一个研究者。科学的危机也是个人的危机，他们受到科学的影响，因为他们虽然是"科学工作者"，却没有一种真正而绝对的求知意愿。

今日全世界的人们对于科学的意义普遍充满着误解。曾经一度大家对科学十分尊重。由于群体秩序只有通过技术才能维持，而技术又只有经由科学才成为可能，因此，甚至在今日这个时代里，人们对科学仍存有普遍的信仰。然而，由于科学只有通过方法的教育才得以接近，而且由于对科学的成就感到惊讶，并不代表参与了科研，这种对科学的崇拜只不过是迷信。真正的科学是一种伴随知识方法与知识限度而来的知识。但是如果单为了科学的成果就对它有信心，而不管这些成果怎样获得，这样产生的迷信就会取代真正的信仰。人们固执地以为科学资料都是可靠的。这种迷信的内容包括：凡是一切能促进生产的理想知识，以及对在此领域内各种困难的技术性克服；促进社会大众生活的福祉、民主政治即是迈向大多数人统治的政治自由之坦途；以及对那些毫不怀疑就当作教条来相信的资料的全部信心。几乎每一个人都摆脱不了这种迷信的诱惑，就连学者也不例外。在个别的情况中，或许有人能克服这种迷信，但是即使如此，迷信还是会继续发生的。那些生活在迷信中的牺牲者和纯正科学的批判理性之间，存在一个深不可测的鸿沟。

科学上的迷信很快就转化成对科学的敌视，转变成一股否定科学的势力。那些相信科学万能的人在面对专家时，都会压抑住自己的思想，但如果这个专家经证明是个不可靠的人，他们往往会在幻灭之余转而相信一位信口雌黄的人。对科学的信仰，已经退化成一种近乎诈骗的迷信。

反科学的迷信必然也会乔装成科学，并自称为"一种已经取代了纯理论家科学的真正科学"。我们这一代的心态都受到占星术

（Astrologie）、信仰治疗术（Gesundbeten）、神智学（Theosophie）、万物有灵论（Spiritualismus）、通灵术（Hellsehen）和神秘学（Okkultismus）等的影响。反科学的态度,今日在各党派之中普遍蔓延,并在见解截然不同的人身上发生影响,粉碎了人之存在的理性成分。甚至在实用的思考范围内,也只有极少数的人能保持真正科学的精神。这是自我衰败的信号。在迷信的模棱两可中,心灵根本不可能有实际的相互沟通,因为迷信摧毁了真正的认知和真实科学信仰的可能性。

三、哲学

哲学在今日的处境,有下列三项对实在界不明确的特征。第一,我们这个时代造就了大批没有任何信仰且经过官方机构注记的人。第二,宗教虽然有崇高的教会组织来代表,在顺从真实的当下时,却似乎丧失了创造力。第三,一个世纪以来,哲学似乎变得愈来愈像一种纯教学与历史研究的行业,也因此逐渐丧失它真正的功能。

普遍丧失信仰,可以说是对科技机具建构世界的一纸控诉。由于科技的惊人进步,人类能够控制自然,并且可依照人的各种目标来塑造物质世界。但是伴随这种进步而来的,不仅是人口大幅度增长,而且是万千群众精神的枯萎。然而,当探讨绝大多数的人是否会在社会体制的服务中感到气馁时,我们会了解到,唯一的生存之路就是去配合社会体制的发展,纵使我们受困其中一筹莫展时,我们还得努力去救援。虽然如此,人丧失了信仰,并不会就此沦为牛马,他仍然是人。因为这个理由,他觉察到每件事情都变得难以理解。在他身上还保持活跃的,便是改变环境和改变他自己的盲目意志。他愈来愈渴望这么做,因为人不可能没有信仰而活着。在没有信仰的世界中,有许多人仍然保留着信仰的种子,但是在没有传统,以及每个人都被迫只管自己时,他们的信仰在萌芽阶段就被扼杀了。然而,没有任何计划或组织能使那只有自由才办得到的事情成为可能,这种事情就譬如:实现人之存在的完全可能性。

在由技术意识以及人的生命意识所造成的虚假明晰性中,已失去了对无条件事物的真正内在性质的确定。作为人之存在的历史基础的宗教,可以说已经隐没不可见了。的确,由教会以及信条所组成的宗教继续保存下来;但是在群体生活中,宗教经常只不过是困苦时的慰藉,或循规蹈矩生活的指引,它很少发挥有实际效果的生命力。虽然教会仍有效保留它在政治上的实力,由个人主动维持的宗教信仰却愈来愈少。时至今日,各教会的伟大传统,往往为了恢复那根本无法恢复的辉煌过去,仍在作无谓的尝试,但在同时,却以一种开放的胸襟来接受各种现代的思潮。然而,对教会而言,要容忍个人的独立变得愈来愈难。一方面,教会不再具体表现权威与自由之间的真实冲突;另一方面,借着对那些独立思考者无情的排除,教会为了控制群众的心灵,能将它控制心灵的工具作惊人的集中。

几个世纪以来,哲学思维支持了人存在终极理由的意识,将宗教世俗化,并且果断地实现了个人的自由独立。个人并没有丧失他的根基,因为在哲学的绝对史实性中,这件事更加清楚了。个人的实在,只有当光明在不含存在的纯净意识中可能变得暗淡和空虚时，才会产生问题。事实上，从19世纪中叶开始，传统哲学在各地都成了大学哲学系薪火相传的事业，但是这些哲学系愈来愈无法聚合有创见的哲学家，或有独立思考能力的知识分子。哲学和它的起源已经分离开来，并且对实际生活已经不再有任何责任了。哲学想要为自己找到成立的理由，以此与科学抗衡（事实上，哲学承认科学比它优越），它对外宣布，它也是纯正的科学，并且相信在知识论的名下，它可以建立和科学一样的有效性和意义。对一切和它同时代的事物来说，哲学事实上等于它自身历史（哲学史）的知识。然而，这种知识比较不像是哲学起源的一种同化，而是对片段的学说、问题、意见以及系统的一种强迫性思考。外在是学来的，内在是合乎理性推理的，与个人生活没有任何关系。由于严格的逻辑思想的传统，哲学仍旧能够继承各家学派的事业，虽然它们冠以不同的名称，诸如唯心论、实证论、新康德主义、批判主义、现象学、客观论等，虽然它们的理论相互冲突，但在根本上还是相同的。这些名称各不相同的哲学学派在哲学上的弱点，有项最典型的特征就是：各派代表人物大都不认识克尔凯郭尔；他们都不承认尼采是位哲学家，而把他划归为富有想象力的作家或诗人，以此减轻他的危险性，他们把尼采当作不合科学的一名时代的狂热分子、一个无能者。他们给偏激的哲学问题掺水，直到它不再具危险性。

哲学因此放弃了它的使命，扩充了它的事业，却使它自身陷于混乱。它所扬弃的使命是崇高的。由于人不再按照启示宗教所指示的方法来引导自己的生活，便只能通过哲学来认知他自己的真正意志。的确，凡是按照这种启示信仰的形式忠于超越者的人，只要他不变得偏狭,就不应该受到抨击,因为抨击一位信徒的信仰是带有破坏性的。或许信徒会对哲学论证采取开放的态度,并且会冒险接受那与人生不可分的怀疑,但是他仍然保持历史形式中存有的确信,作为出路与标准,而他也因此不可避免地回到了他自己的思考方式。目前我们并不关心这种可能性。在今天,不信是切合时代的强有力潮流。没有宗教,信仰是否还可能存在,是值得怀疑的。哲学起源于这个问题。今日哲学思考的意义在于试图证实,我们具有一种不是生自于启示的信仰。在这一方面,布鲁诺、斯宾诺莎以及康德等人,可以说是先行者、首倡者。当宗教被人遗弃时(我认为宗教只有在教会制度的保护下才存在,而以其他意义来谈论宗教,只是一种欺人之谈),剩下来的,不是迷信的幻想,就是哲学了。这一切只是对自我了解并通过自我了解的信仰。思辨的哲学想要有系统地阐明信仰,并对那只能在存在中完全进入意识中的东西,而不是在那不断要和存在分离的思想过程中的东西,加以相关的解说。迷信的幻想不需要哲学;这些幻想可以没有教会——宗教的保障,但是它们也试图找寻某种认可;而教会的信仰所需的,不过是那支持其宗教团体生活的神学。哲学总是站在个人这一边,它高举自由的旗帜——无论这么做是大胆的冒险,或者是出自一个事实上被神遗弃,并且无法在教会外找到救赎的可怜虫所作的幻想。

今日,哲学对那些未受到宗教庇护而充满自觉的人而言,是唯一的依靠。哲学不再是一小撮人、特权分子的专利;因为只要个人迫切地反省如何才能生活得最圆满,哲学就成了无数大众的切身之事。各个学派的哲学,只要能使人过上一种哲学式的生活,它就有成立的理由。可是今日的哲学却是不完整的、散漫的、分崩离析的、使人发生分歧的。

这些反省向我们解释了那种长久以来诱惑我们的声音:"从意识中回到血肉、信仰、尘世的潜意识上去,从精神、历史事迹以及无可置疑之事上回来。"宗教被人以毫无希望的方式夸张得荒诞无稽,因为人们不再以一种原始的信仰来相信。人们虽然确实丧失了信仰,却想以扼杀自己意识的方式来强迫自己相信。

这种召唤是骗人的。人如果仍要成其为人,就必须经由意识来进步。没有一条路是引人向后走的。那种把一切事情当作可以认知的知识和明显目标的潜意识,只有通过意识各种表现方式的健全发展,来由哲学加以克服。我们无法再以扬弃自我意识的方式来逃避现实,而不同时将自己排斥在人之存在的历史轨道之外。在人生中,自我意识成了要理解真相所不可少的条件,无条件命令有了稳固的基础,而我们与自身历史命运的认同也成了可能。

哲学成了人真正存有的根基。那被投入群体生活的组织中,并由于丧失了宗教而连带被剥夺掉信仰的人,对于他自己存有的本质,正投注以更果断的苦思。如此一来,兴起了一些适合我们这个时代的典型哲学思想。那万物所依赖的启示上帝,不再居于首位;那环绕我们周围的世界,也不是最重要的;人成为最重要的。但就存有而言,人无法与他自己妥协,唯有努力去超越自己。

第四章　现代人对人之存在的理解

　　没有受到荫庇的个人，正好表现了我们这个时代的特征：反叛的精神、虚无主义的绝望、无成就感群众的困惑、那些放弃明确目标并抗拒融洽生活者在歧途上盲目的追寻。"没有上帝！"——这是群众喧嚣的呐喊。由于人失去了上帝，因而也丧失了价值意识；由于自认为毫无价值，因此遭到无情的屠杀。
　　世界在生活秩序的强制中和精神活动的不稳定里所呈现出来的样子，使我们根本无法充分满意地掌握现状。我们对外在世界的了解，往往使我们丧失勇气。一方面，展望世界的前途，充满了悲观；我们迫不得已拒绝行动。然而，另一方面，不管对世界一般的观感是多么晦暗不开朗，我们对自己个人生活中的乐趣还保留了一丝无关痛痒的乐观态度，并且对生活根本问题的沉思感到满意——这种态度在今日相当普遍。然而，无论悲观或乐观，都把事情过分简化，二者都是逃避环境的结果。

事实上，环境对人的要求如此严酷，因此非得具有超人的能力，才能符合它的要求。若是无能力达到这些要求，我们被迫只有逃避一途，只有去适应那些短暂的事情，并不让自己的思想超过界限。一个人若是相信所有的事情都是条理分明，并且相信世界就是像目前这样一成不变，就根本不需要勇气。凡事听任自然发展，因为他相信，一切事情即使他不参与，也会顺利进行。他所有的勇气只不过是一种信心——相信人不会坠入万劫不复的深渊。一个真正有勇气的人，是一个相信凡事不无可能的人，受到这种热切心情的鼓舞，他体认到：只有不服输的性格，才能变不可能为可能。只有通过这种体认，人才能完成他应尽的使命。

现代人的特征并不完全得自于他生活世界的传统。如果完全屈从这个传统，他就会失去自我。在一种新的意义下，要做一个独特的个人，完全看他自己。他必须自助，因为他无法再借认识上帝而获得自由。当超越者本身隐而不显时，人唯有靠自己努力去达到超越。

如果人要自助，其哲学当前的任务就是去研究人们对于人存在的看法。一些陈旧的对立看法，譬如个人主义与社会主义、自由与保守、革命与反动、进步与倒退、唯物与唯心等，都不再有效，即使仍普遍有人拥护或谩骂这些看法。就仿佛有各家各派哲学必须让人从中选择一样，顺应各家的哲学，已不再是获得真理的途径。人的视线和认知，今日已经扩大到一切可能的事物上，甚至到达毫无限制的地步。在这种情况下，一方面是虚无，另一方面是一个人自身基础的绝对历史命运（这和一种责任限制的意识是一回事），在此二者之间，人必须作一不可转换的抉择。

然而，人之存在的问题绝不是那么简单明了的。人之存在问题的解答，应该引导我们走出那一成不变的二选一哲学和那看似客观的独断作风。

人总是要超过他对自身的了解。他并非原本什么样子就一直是那样，不再改变；他只不过是一种历程；他不只是一个现存的生命，在这个生命中通过他拥有的自由，借着他抉择的行动，他可以照他的意愿来塑造自己。

人并不是一种代代相传、不断重复自身的完美生命，也不是已将自己完全显示出来、可一眼看透的生命。他"突破"不断更新的同样循环的消极性，他要依赖他自己的行动，借此行动，他的生命可以朝向一个未知的目标不断地延续下去。

结果在人们的内心深处，有一道鸿沟将人分为两半。无论他自己有什么正面的想法，心中都会产生反面的想法。每件事情在他心中都会有冲突或矛盾产生。

由于人将自己分为灵与肉、理性与感性、心与物、责任与喜好、存有与现象、行动与思想、实际所为与行事本意等，他的见解也随之有不同的意义。关键在于人总是要和自己作对。人的存在不可能没有这种人格上的分裂。但是他并不满意这种分裂的状态。他克服这种分裂的方法、他超越这种分裂所用的方式，到处显示出他对于自身的了解。

在这一方面，我们发现有两条道路可以选择，这是我们要好好讨论的。

人可以使他自己成为认知的对象（Gegenstand der Erkenntnis）。他会把自己在日常经验中认定是他的生命及生命基础的东西当成他真正的存有。他在现象上所表现的本质，就是他的意识；而他的意识却是靠另外的一些东西，靠社会环境、靠潜意识、靠生命形式而形成的。这个"非我"对他而言是存有，其本质对他而言在现象上则反映成为意识。

这种认知模式的意义，是通过存有与意识的认同而克服争论。在没有紧张冲突的情况下完成的纯粹生命概念，在这种认知模式中，不知不觉地被认为是可以得到的。一切事物都适得其所的社会秩序，被认为是可能的；只要潜意识扫除一切情结，意识和潜意识就能和睦无间；在有效的人为淘汰过程完成其任务之后，普遍的身心健康和充分表现种族的生命力，使得所有的人都在圆满的生活中得到满足。在这种公认为必然而真实的环境中，短暂的生命不再有任何绝对性，因为只有在那自我存在硬要擅自作主而造成僵持时，才会有绝对的产生。这样一种作为人之存在特征的认知模式反对自我存在，就好像反对某种不幸的、无我的、不健全的和毫无道理的事物一样。然而，自然人存在反抗的途径，就是第二种可能性所采取的途径。此处人发现自己成为紧张的主体，这被认为是人生不可避免的临界境况（Grenzsituationen）所造成的结果，从自我的专横上变得更明显。如果人不再被认为是他所是的那个存有，他就会聪明地承认，自己处于绝对可能性的飘浮不定的情境中。在此他经验到自由的吸引力，借着自由，他得以成为目前还不是，但却可能成就的他。作为自由，他把存有当作自己的隐秘超越性一样来召唤。

这条道路的意义指向超越者。单是生命会失败的。从这种观点来看，从紧张冲突中追求完全自由，被认为是一种妄想，因为这种人误以为自己已经逃避了临界境况,并已克服了时间。世界上的一切知识,包括人类的知识,都是人借以发现其处境范围的一种特殊角度。因此,认知操之于那些能超越这种极限范围的人手中。然而,他自己却是不完美的,而且也是无法完美的,他被迫成为不是他自己的东西。借着思考,他只不过能为他的道路理一个头绪出来而已。

只要人在他所有的认知行动中尚未发现他自己可以彻底被认识,并因此将他的对象知识纳入他的哲学思维过程之中,他就会再次通过他自己获得表现。当他被迫返回自身时,他所遗失的东西,现在可以用一种新的形式再次向他显示出来。只有在对原始生活感到失望的迷惑时刻,人才会认为,自己身为认知者,就是一切事物的起源。当人开始认真地自我反省时,他再度体会到超过他自身的那一点东西。在世界上,他重新把握住那势将在无所谓态度中僵化,或在主体性中迷失的客体性;在超越界,他把握住那在他自身自由中被误认为自我存在的存有。

这两种可能性,今日成为众所周知的学说之主流;它们被人以相当混淆的方式来解说,因为还没有得到任何真正有效的形式;然而,它们几乎是现代人用语中不可分割的一部分。

那些在特殊潮流中对于人之存在有待掌握的认知,已经成了和社会学、心理学以及人类学一样的典型现代科学,一旦提出拥有绝对真确性的主张,并且自认能够认知人的整个存有,就一定会被当作完全不合时宜的哲学代替品,被人扬弃。只有今日所谓的"存在哲学"(Existenzphilosophie)对人之存在的思考方式推动一种革命性的变革,才可能兴起一种真确的哲学。这个存在哲学,在那些同时受到它限制，又受到它保护的领域中，找到了自身用语的素材。然而，它在接近存有自身之时，超越了这些领域。存在哲学是再度超越人的存在之哲学。

第一节　研究人的科学

一、社会学

由于人不能离开社会而单独存在，而且他的生存、传统和责任都和社会脱离不了关系，因此我们必须借研究社会来了解人的本性。个别的人似乎无法让人理解，但社会却不然。我们现在不从个体来研究人，而从人类的社会组织来研究，这种方式让我们对人的存有有了认识。社会团体、文明的形式、一般的人类等，都是研究人之存在的各个角度。这一门科学通称为社会学，其中也有多种不同的形态。

譬如说，马克思主义者相信他们能以科学方法来掌握人的真正本质。他们说，人是他作为社会动物生活的产物，他自己就是自身社会地位的产物。他的意识随着他所处的社会环境而变化。他的心态不过是建立在物质实在基础上的上层结构，此一基础便是由现在人的生活必需品供应的方式所决定的。哲学只不过是为了证明，在某一典型环境中占优势的特殊利益为合理而形成的意识形态。那些分享这种在某一特殊环境中占优势利益的人，便构成了一个阶级。阶级随着生产工具的改变而变化。今日共有两个阶级，一是工人阶级，一是资产阶级。国家是阶级统治的工具，是其中一个阶级主宰另一阶级的手段。宗教是"人民的鸦片"；它是使被统治阶层上瘾的东西,是使他们保持在一种满足而依赖的情况中的东西,然而,这种阶级对立的结果,只有在生产工具发展的变迁阶段中,才是免不了的。一旦超越那个阶段,就会产生一个没有阶级的社会,在这个社会中,将不再有任何的意识形态,也没有宗教,没有国家,因而也没有剥削;整个人类将进入一种大同的社会,它将是一个充满正义与自由的社会,各取所需。在目前的历史阶段,人正朝向此一目标迈进,通过大多数人自愿的积极运作,此一目标必然会达到——虽然在此时,那些积极想达到目标的人,只不过是少数向更美好未来迈进的先锋。人在把握住自身存有的本质之后,就能接着计划出他的发展,并能加速一切必要事物的产生。他的存有与他的意识已不再分离,而是合而为一了。人不自觉地对于他所制造的东西产生了依赖。现在他要成为这些东西的主人;因为在对他的成长必然过程有了科学认知之后,他就会对自己的整体行为负起责任。对国家或对教会的忠诚已经没有用了。人在把握住自己存有的本质时,就会向那造成一个自由的、无阶级社会的无产阶级效忠。

马克思主义是社会学分析最有名和最让人熟悉的例子。借着这种研究,达成了特殊而相关的认知;但同时这些认知也表现了人存有模式的精神斗争(geistigen Kampfes)。因此,这些认知的共同点是:"存有是绝对的"之争论。这些认知在这种共同预设的基础上所凭借建立的论证是可以随意改变,并可以让双方发生争执的。在这种公认的知识中,人之所以为人本身总是遭到遗忘。

当意志表现客观认知的意义,不仅在理论上明确地与当代历史情境作了区分,而且在生命本身也保留了激进行动的目标时,那为知识而建立知识,并因此将人类解放出来的关键性步骤,已经有人采用。在我们这个时代,首先跨出这一步的是韦伯。

对韦伯来说,社会学不再是人之存在的哲学,而是有关人的行为及其影响的特殊科学。韦伯认为,那可认知的关系是相对的。他知道在历史实在的无限复杂中,任何一个特殊偶发的因素所造成的影响,都超出了人们可能估计的范围;而且他也知道整体的形象,只不过是某个对象的一面,无法成为一种真实的整体知识。这种相对主义的认知,未触及人本身的问题。但是为了人本身不同模式的洞见,成了种种可能与限制。韦伯抓住生活情境可认知的特性,但是他并没有将自己化约成某种被认知和能认知的东西。这种心态要求,可能的洞见在其相对性之中,应成为一种实际的占有,并且应该在尽责做好某件事之后立刻出现;但是,它却不认为这种责任应该推给一种具有客观准确性的独断知识来担负;并且,它要求世界上真正行动的危险和冒险应该为人所接受。

二、心理学

从前,心理学是人生思虑结晶的一部分和一块基石。借着形而上学原理的帮助,心理学努力勾划出心灵的构成要素和动力,通过日常的观察,或奇妙事件的故事来加以说明。在19世纪,心理学成了感觉数据与心理数据的集合体,又与潜意识的理论有些许关连。由于它研究的多半是根本没有什么重要性的东西,并且愈来愈倾向于从事极为无聊的实验计划,结果充其量只不过是一门在胚胎期的科学。克尔凯郭尔与尼采在存在哲学的思想层次上,向心理学显示了崭新的深度,为动物心理学与心理治疗学领域添加了从未预期的经验发现。小说与戏剧也都充斥着对每一事物的心理诠释。

在混杂了学说与事实、哲学刺激与客观研究、意识流的描述与有关潜意识的思索、没有心灵的心理学与大脑的网脉组织的描述之间,没有任何研究者足以解决这些纠缠不清的问题,也没有人从研究可知事物的内在关系上,或在方法上,能把可知领域限制于经验的、客观令人信服的和相关的洞察之内,而将可认知的事物带入和谐之境。

终于,心理学成了今日时代的普遍特征,特别是以弗洛伊德所创立的心理分析为然。虽然这一点吸引人们注意心理治疗学领域中先前受人忽视的一些事实,这是它的优点,但它的缺点是:无法使这些事实完全让人觉察到,因为尽管心理分析的书有一大堆,心理分析将自己的范围限制在那看似合理的、乍见之下会令人感受深刻的领域之内,那些未受过科学训练的人士却无法了解它的意义。

心理分析收集并诠释梦境、有心或无心的过失、自由联想等,借此种方式可以深入了解潜意识深处的秘密,而我们露在表面的意识生活,就是受这潜意识决定的。在潜意识中有一些基本的驱动力,一般被理解为"内在驱力"(libido),其中最重要的,就是公认的性冲动。权力意志、自我肯定的冲动以及死亡冲动等,都必须添加进去。这些都是心理分析的主张。然而,心理分析的各家学说从来没有为了从一个问题的清楚叙述进入有效研究的领域而统一过,就连短短一段时间也没有过。心理分析学家甚至自诩为经验论者,如此年复一年提出许许多多的数据,他们可能一再重复根本相同的东西。一位真诚的思想家的自我检讨,在经过长期的基督宗教的影响后,在克尔凯郭尔及尼采身上达到高潮,在心理分析上却被贬低为憧憬的发现与典型的童年经验;它只是借着在据称是必然的领域——在此领域中,人生较低的层面被认为具有一种绝对的真确性——众所周知形态的重新发现,来伪装真实却冒险的自我检讨。

因此在心理分析之中,不同的因素集合在一起,其目的是要向困惑的群众显示真正的人是怎样的。在一切都太人性的层次上,对人肯定的本能不经意地得到了满足。这种学说被利用为生命本身的成立理由,内驱力以及其他本能或冲动都被认为是真正的实在,正如同物质被马克思主义者认为是真正的实在一样。当然它们是够真实的,但我们必须对之加以限制,并学习去把人的存在思考成某种与它们不同的东西。心理分析一项心照不宣却必然的后果是,使一种理念为人察觉到,在此理念中,从那人可以借以发现自我的裂缝与强制里,人应该回到那他不必要再成为人的自然中。

三、人类学

人类学与有形可见的人在人的原始本质上发生了关联。人类学的目标并不在于建立一种普通人性的心理学,而在于找出一种典型的人,一种在个人身上所特有的性格。人类学是为了理解典型的人在体格、种族、性格、文明的精神等方面生命力的独特性,所使用的方法之一。

人类学家只把人当作一种没有实在性的虚幻精神体,既不赞同唯心论,也不赞同唯物论者对历史的诠释,把人贬低为只不过是一种功能;他们相信只有他们才能分辨出人真正是什么。

如此理解的人类学,是根本的种族概念所聚集在一起的整体。生理人类学研究的是散布在地表不同地区的各人种的身体、身体的结构与其功能。人类学家对许多人种作了精确的衡量,并进行其他方面的观察。但是就人存有的知识而言,他在身体上的特征,只有在这些特征被公认能表现人相貌的本质时,才是相关的。对表情的了解,只要它与人的存在有关,就是人类学的真正起源。对相貌的研究、对表情的研究、对笔迹的研究,以及对文明形态的研究等,都可以在方法上找出一种类似的态度:对人本身在身体形式客观性方面、在笔迹上已经成形的运笔方式、个人和民族的作品与行动模式等方面,都强调直觉理解的态度。

在那些具体表现此种人类学观点的著作中,我们发现了一种混合确切客观知识与直觉表情理解的大杂烩,而前者的真确性向读者暗示了后者的真确。人们一次次地测量,但是真正看得见的东西却根本没有测量到,也无法用数字表示出来。数据是得到了,但所传达的内容却根本与声称的事实意义不同。因为看到表情并不能成为可让人信服的知识,而只代表一种可能而已,而且碰巧它本身就是对看到其表情者本质的一种表达。对表达者而言,在表达中呈现的不仅有自然与料(Naturgegebenheit),还有自由的存有(das Sein der Freiheit)。

人类学的看法使精神透视的可能性成为具体,但紧接而来由这种精神透视所把握的东西,却遭贬抑为一种自然的存有。人类学的思想由生命延续的标准、生长与死亡的范畴所支配;它在不知不觉中所预设的是:我们有能力养育,甚至生育人类,并能全盘地把握、理解他们。对人类学家来说,人类种族的多样性,在它的历史命运上,并不是一种存在的现象。

这种人类学的推动力,并不是来自要证明一般日常知识为合理的欲望。相反地,人类学家乃是出自一份对人类高尚形象的爱护,以及对猥贱人类形象的憎恨,而不得不去从事他的研究。因此有作为模范的人类出现,并有相似的人物随之。在我们心中也会有乐于仿效的典型和极力避免的典型。民族的典型、职业的典型、体格的典型等,在客观上都有区分,但是区分的方式却无时无刻不带有一种隐匿的好恶成分在内。

另一推动力指向可能领域内的自我认识。人们从一个新的观点来看自己,并且对原先自己对周遭同伴的看法有了不满。职业、党派、国家都被抛在一边,使得人与人之间的距离隔阂能够拉近。人们开始体认到一种在高尚形象中具体化的亲密关系。

然而,这种似乎走向存在哲学的过程——如果存在哲学被当成绝对,而成为一种存有的认知——与存在哲学之间,有着巨大的鸿沟。因为一种要贬抑人本身存有的冲动,含蓄地存在其中。自由的存有被贬抑为一种等同于种族存有的单纯既定存有。一种把自己视为比一般存有更高贵的倾向,或因为自己不是那么高贵就否认自己要求的倾向,都会自然而然地使自由停顿。

在对社会学、心理学以及人类学的研究当中,我们一直很注意在每一门学科中举出一种特殊学说做例子。因为马克思主义、心理分析以及民族学的理论,在今日广为流传。那种与群众生活的发展一起流行起来的仇恨和颂歌的直接残酷性,在其中得以表现出来:在马克思主义中,群众想要群体生活的方式;在心理分析之中，群众寻求一种纯粹生命满足的方式；在民族学的理论中，群众想要比别人好的心态。

在上述各种学说中或许都存有部分真理，但是它们到目前为止，都还未能在各方面自圆其说。《共产党宣言》(*Das Kommunistische Manifest*)对于经济与社会之间可能存在的相互因果关系投以崭新的眼光来注意，谁又能逃避开，不为所动呢？每一位精神病理学家都知道，通过心理分析这个工具，可从一个新的角度来观察真理。民族学理论的实际概念所无法掌握的某些东西，或许在适当时机下会摇身一变，对全人类的前途产生极重要的影响；但这个东西是什么，它要怎样发生，其中有哪些可能性等，都还不清楚。最相关的是从马克思主义演化来的特殊洞见。

没有社会学的话，任何健全的政治努力都是不可能的。没有心理学，则没有一个人能够有效地解决内心中的郁结，以及外在人际关系的困扰。没有人类学，我们对自己的深奥基础便欠缺了解。

总之，认识的范围是有限的。社会学无法告诉我，我的命运究竟是怎样的；心理学也没有办法使我清楚，我到底是怎样的人；真正的人也无法当作一个种族来培养。在各方面，我们都碰到了计划与行动能力的限制。

的确，认知是我们为了促进理想生活方式所能使用的材料。但只有在人能够区分出真正的认知与纯粹的可能性之间的差异时，他才是真诚的。无产阶级专政的理论、心理分析学家的心理治疗处方、优生学家有关可能培育出超人的看法等，从它们各自内容的空泛来看，都只不过是残酷的要求，从一开始就注定得到与支持者想要的不一样的结果。

因为一些理论本身就具有毁灭性,正如这一主张:一切精神生活都不过是建立在物质基础上的上层建筑(Überbau)。心理分析也相信自己所揭示的:这种精神生活是受压抑冲动的升华(Sublimierung);而借着这些看法,那被称为文明或文化的东西,其构成就像一种强迫性观念的心理病症(Zwangsneurose)一样。民族学的理论(优生学)包含一种完全绝望的历史观。对最好的作反淘汰,导致真正的人之存在的毁灭;要不然,由于人性的根本特征,虽然借着这种种族融合的过程可能发展出伟大的新人种,在融合结束时,并且在几个世纪之内,一种缺乏生命力的生命便会形成,并不断延续下去。

上述倾向很可能会摧毁人类最宝贵的东西。特别是对那些绝对的事物具有破坏性,因为它们以绝对知识自居,把一切其他的东西都当作是相对的。不仅上帝要让位,每一种哲学的信仰也要让位。最高贵的与最卑贱的都套上同样的术语,当它们被发现不够分量时,很可能被迫走到虚无的道路上去。

讨论中的上述三种趋势,都符合现代的一般氛围。凡是现存的都必须加以摧毁,要不是为了某种未知的新奇事物留下发展的余地,那便是不让任何东西留下来。对它们来说,新鲜才是理智的准则。

第二节 存在哲学

社会学、心理学以及人类学所教的是:人是可以研究的对象,借着缜密的安排可以改造这个对象。如此一来,我们开始对人有认识，而不用对人本身有认识；但是身为一种具有自发性生命潜能的人，却要因自己被视为一种纯粹的结果而挺身反抗。个人在社会学、心理学或人类学上所能转化的东西，都不能使他毫无条件地信服。由于他认为可认知的实在界是某种特别而相对的东西，他将自己从各门科学对他的限定看法中解放了出来。他了解，若是通过对已知事物的独断的自我肯定而逾越了可认知的界限，这种逾越只不过是真正的哲学的一种虚伪的代替品，并且凡是想要逃避自由的人，都想要在一种虚设的存有知识中为自己的行动寻求合理的借口。

人为了自己在各种情况与各个行业中的活动，在有关事物上和在自己的生命上必须具备一种特殊的专门知识。但是光凭专门知识是不够的，因为只有靠那拥有这种知识的人才能发挥效用（它的功用主要是由我自己的意志来决定）。最好的法律、最令人羡慕的制度、最值得信赖的知识学问、最有效率的技术等，都可能在使用时发生冲突。除非个人以一种有效而且有价值的方式来运用它们，否则一点用都没有。因而，实际发生的事，不能只在专门知识上来改进修正；只有通过人的存有，才能真正改变它。具有决定性的是一个人的内在态度、他思考世界的方式和借以增进对世界理解的方式、他所感到满足的根本价值——这些事都是他所作所为的肇因。

存在哲学是人可借以寻回自我的思考方式；它运用专门的知识，同时又超越了专门的知识。这种思考方式并不认知对象，却阐明并实现了思想者的存有。由于超越了世界的知识而被带进一种悬浮的状态（作为哲学的世界定向），这种思考方式要求它自身的自由（作为存在的照明），并通过对超越者的召唤，为自己不受约束的行动获取余地（作为形而上学）。

这种存在哲学无法在任何特定的工作中完成，也无法像任何一位特定思想家的生活一样，获得决定性的改善。现代的存在哲学源自于克尔凯郭尔，通过他获得了广泛的流传。克尔凯郭尔生前曾在哥本哈根造成轰动，让人议论纷纷，死后却遭人遗忘。就在第一次大战之前不久，人们再度开始谈论他，但是他真正的影响才刚刚开始。谢林晚年哲学思想的发展，走上了存在的道路，使得德意志观念论（deutschen Idealismus）造成了分裂。然而，当克尔凯郭尔枉费心机地寻求一种沟通的方法，并且为了此目的而使用假名以及"心理实验"的方法时，谢林在另一方面将他的合理冲动和观点藏在观念论的系统之中。克尔凯郭尔非常关心哲学上最根本的问题，也就是"沟通"的问题，同时又指望达成一种间接沟通的方法，实际上却造成了一种怪异而又不完美的结果（虽然如此，还是足以刺激读者）。谢林几乎很难了解克尔凯郭尔在指望什么，而克尔凯郭尔的意图只有那些获得克尔凯郭尔启示的人才会了解。尼采走上存在哲学的道路，可以说跟先前这两位哲学家毫无关连。盎格鲁-撒克逊的实用主义（Pragmatismus）可说是存在哲学的初步阶段。实用主义在攻击传统观念论时，似乎奠定了新的基础；但是在那基础上所建立的，只不过是一种对生命粗糙的分析与廉价乐观的聚集，只是一种对现存混乱的盲目信赖的表现。

存在哲学无法找出任何解决之道，只有在那源自于彼此沟通的思想分歧中，才能成为真实。它是合乎时宜的，但它的失败之处比起成功之处早已更显明了，并且屈服于早熟的纷扰之中，这是当前世界上所有有意义的事在刚发生时都会遇到的。

如果存在哲学再度隐含了一种"我们知道人是什么"的信念，它就会立即消失。它会再度为研究人的典型和动物生命的典型提供大纲，它会再度变成人类学、心理学、社会学。只有它注意研究的对象不被完全断定和限制，它才可能具有意义。它唤醒了它本身所不知道的事；它阐明并给予刺激，但它并不固守成规。对那在正途上的人，就得归功于这种表现，他才能把握他的方向；它也是一种工具，凭借它，人才有能力终其一生护卫他那庄严的自我实现时刻。

存在哲学可能会陷入纯粹的主体性（Subjektivität）中，而自我也就被误解为：除了自己，不想成为别的生命的自我存有。但真正的存在哲学乃是人在其中重新寻求实现真正自我的那种很吸引人的追寻。因此，显然只有在人们面对自我挣扎时，才会发现自我的存在。由于受到社会学、心理学和人类学思想的过失之伤害，它很可能会退化成一种诡辩的伪装。它有时被人斥为个人主义，或被人利用来为个人的无耻行为作借口，最后成了一种歇斯底里式哲学的危险基础。但是只要它保持真诚，只要它仍旧对自己真实，它就对促使人成为真正的人特别有效。

那并没有以任何对象为目标的存在照明（Existenzerhellung），是不会有结果的。意识的澄清可以刺激要求，但并不造就圆满，身为有认知能力的存有者，我们必须全心投入。因为我并不是那个我所认识的我，事实上我也不认识我到底是什么。不用认识我的存在，我只能开始阐明的过程。

对人的认知，在原则上，一旦它的限制在存在的视觉表像上被人理解，就已经达到它的目标。存在照明超越了这种认知的限制，必然无法令人满意。在存在照明的基础上，一旦我们试图建立一种形而上学，便进入一个新的向度。形而上客观世界的创造，或者存有根源的显示，如果与存在脱离关系的话，就根本是无效的。从心理学来看，在面对任何整体认知的企图时，幻想、奇妙感人的思想、叙述的内容、存有的架构等滋生的念头，都消失在虚幻的空中。人在其中静止，或者澄清他内心的不安和自危，在此时真正的实在似乎向他显示自身。

今日形而上学的研究路径从存在的观点来看，可以说与所有的哲学探讨一样混乱。它们的可能性或许变得更纯粹，虽然是更狭窄了一点。因为令人信服的经验知识是错不了的，形而上学要遵循科学的思考方式已不再可能，只有从一个完全不同的方向才能把握形而上学。因此，现在比以前更加危险；因为它所导致的结果，不是迷信，便是困惑，前者是因拒绝科学与真诚而来，后者则是因那些人虽有心求知，却苦于无法理解与进步。除非先能从存在哲学的立场看出并忍受这些危险，掌握形而上学价值的自由才有可能实现。几千年的历史向人揭示的超越者形象，在一种改变的形式中被同化之后，很可能重新变得清晰起来。

第五章 人的可能性

第一节 无 名 力 量

　　无名力量究竟是什么？这个问题并不是一个人只为了开拓一个新的未知领域（回过头来还会使他伤脑筋），而去找寻并确认未知领域是什么的问题。只有超越未知的领域，并将它加以对照比较，人才能去面对那无法理解的领域——这个领域并不是暂时的不可知，而是根本无法理解且无以名之的。凡是能够被人掌握或理解的"无名者"（das Anonyme）并非真正的无名。

　　"无名者"不仅是人真正的存有，也是真正的非有（das eigentliche Nichtsein）；前者在分散后很容易消失，后者却似乎要求占有整个生命领域。无名力量的问题，就是人之存在本身的一个问题。

　　想要对"无名者"加以知识性的描述，一定会毁了它。但此处的描述并非确认，只是提出可能性来加以探讨。

一、自由的曲解

读者应该注意现代人的诡辩所显现的各种花样。故作神秘的暧昧、表面诚恳的反抗、意见与意愿的犹豫不定等花样,其居心若不是想保护一种生活秩序的存在,便是要以一种方便而直截了当的方式来否定它。这些花样制造出一种氛围,误导个人远离自我的生命,而去从事一种公认的可代表公益的活动。在生活秩序中,人们为了让我摆脱自我或自我表现的要求,不惜从各方面向我作种种友好的表示。

那只与特殊处境相关的实在性(Sachlichkeit),在"新实在性"的名号下被人们当成绝对时,就变成了一张面具。在这张面具下,人们可以将自己的枯燥乏味隐藏起来,个人完全被视为一种满足的功能,并在类似无限的枯燥无聊中失去了自己的真确性。他们变得惧怕自己的言语、愿望以及情绪。除技术性的问题外,一无所留;当这些问题都处理完时,随之而来的是无话可说,这并不是具有深度的沉默,只不过是一种空虚的表现。人都希望能忘掉自我,投入工作中宛如可以忘怀一切,不再有自由而只是"顺其自然",仿佛这种怡然自得是可以用某种技术的方式得到似的。

犹豫不决已经成了生活秩序的公益所要求的那种和平形式。因此,在那一种面临真正存有抉择的意志,与那从一切烦恼和努力中寻求自由的意志——要在不改变的形式中继续现存生命的意志——之间,存在一种秘密的斗争。这同样会引人走向可能终止人之存在的沼泽。但是生活秩序对于同样的事情,却有一颗宽容的良心，它相信只要不去要求人作真正的抉择，一切就错不了。

但是，人不能自暴自弃。由于他有自由的可能，他就要真正去实现自由，不然就得置身于无法安心的反常之中。既然被牵连在自由的倒置之中，他便从根本上畏缩了。我们所关心的只有基本的结构、变迁的形式以及制造口号罢了。

在这种扭曲中，人开始反对自由。由于受到某种理想的鼓舞——仅为一种可能的理想，他被迫在凡是遇到自由的时候就摧毁它。他那暧昧的尊敬，反而变成愈来愈深的仇恨。他利用生活秩序当借口，如此一来他可以发表一些有关自由的道理，实际上却用体制的力量摧毁自由。自由的本质就是斗争；它不想平息而只想增强竞争，不想默认而要坚持公开的示威。但是对自由莫名其妙的仇视，将精神的挣扎转变为宗教裁判式的邪恶心灵。这种仇视自由的心理，不但忽视自我，在应该形成坚强防线时逃走，而且借着官方的权势，尽可能摧毁自我表现。自我在没有审查前就遭受到诅咒，它根本不被人看重。对于那属于真正沟通领域内的行为内在源泉之研究，在这种情形下，成为受大众谴责的私事展示。只有对个人自身可能性的背叛，才容许这种审判式的讯问；在一个缺乏沟通的世界中，这种审问突然间以一种令人惊讶的方式到处出现。

在自由的扭曲中，面对自由的超越者，对纯粹生活秩序的相对性和对自由无用的真正察觉，转变成对一切事物的否定。对于一个人自身生命不满的隐藏弊害（这种弊害是生活秩序无法挽救的），造成了一种只会消极谩骂而不会行动和努力的生活。一旦受到这种病毒感染，我所期望的唯一的事情，就是逃避一切，就好像真的可以不必去面对一样。因为人备受时代与环境威胁,那本来对此应该有的合理批评,变成了一种以破坏为乐的怀疑过程,仿佛一位无行为能力者讲出来的反话都变成真的一样。将世界一拳粉碎(当然会有碎片留下再粉碎)是这种虚无主义、这种否定的愉快目标。自我意识被人以消极的投降方式来追寻。虽然如此,由于生命内在本能的驱力,我们不管自己多么一文不值,仍然想保持故我。我们表面装作冷漠无情,骨子里却是虚伪。几个世纪以来,已成为时代意识一部分的整体思想,必然可以为这些反面的意思与言论充当华丽的装饰。

二、诡辩者

每一确定的扭曲看法都过分简单,因为世故生活的扭曲是普遍的。一旦它被人看穿,跟着就开始一种新的转变。诡辩者(der Sophist)①的存在只能说明一种不断的扭曲。在明白陈述的文字中,他获得了已经太过明确的特征。

然而,诡辩者从来就无法从外表的长相上看出来。他善于利用各种机会,只要机会来临,他不是在这一刻把握这个机会,就是在下一刻抓住那个机会。

他总是以一位合作者的姿态出现,因为他希望自己随时能为人效劳。他尽力避免任何重大的冲突,而他要是能一切顺利的话,这种冲突永远不会发生。在普遍存在的相互关系掩蔽之下,他只想过一种没有真正敌意的生活(这种敌意来自于一个较高的生活

---

① 为古希腊时与雅典学派抗衡的一批学者,Sophist 原意为智者,或译为辩士学派。——译者

层次),他向命运挑战,反抗那同一生活层面上存在的其他可能性。

当外在环境与他为难时,他可以卑躬屈膝、逢迎巴结,而一旦环境气氛稍稍改善,他便又挺直腰杆,摆出一副傲然的神态。即使前途很不乐观,他仍然能找到一条最有利的途径。他夤缘附会,自认为到处会受欢迎,并认为每个人都乐于帮他实现愿望。碰上别人采取强硬态度时,他能伸能屈;当他自己占了上风时,便得理不饶人,甚至落井下石;他有时也会乐得做个顺水人情,只要不让他花费分文;一旦受到挫折和阻挠,他也会闹情绪。

如果他获得了强而有力的地位,原本似乎谦虚的他马上就会对其他人表现出骄傲自大的神色。在义愤的面具之后,他会露出对人性中高贵成分的不屑。因为无论身上发生什么事,他所固执的目标都是虚无,他对此具有强烈的信仰。这种信仰迫使他,无论何时面对真正的存有,都要努力以他的方式去让人相信:那存有本是虚无。结果,虽然他的知识是普遍的,他却与尊敬、羞耻和忠诚绝缘。他具有一种极端不满的情绪化态度,在其中他还要作出英雄般坚忍的表情。"不存在的反讽"(existenzlosen Ironie)是他喜爱的态度之一。

他是个平凡而没有恶意的人,他具有相当的幽默感,同时又喜欢挖苦人:有时候亲切,有时候又冷酷无情,并且丝毫没有诚意。他不拘小节,偶而会扯谎。但却不失可敬之处,只是不见得有多么了不起,总之他还不是一个彻头彻尾的魔鬼。

他从来不是一位诚实而率直的对手,他无法自食其力,他有健忘的毛病,虽然经常把责任挂在嘴边,却根本不知责任的真正意义。他没有绝对存有的独立性,却有虚无的松弛,加上自作主张的不断改变力量。

他在智性(Intellektualität)中找到了他真正的家。他在那儿觉得舒适,因为只有在那儿,他才能立即实现他那不断把思想之流构思为与其自身不同事物的使命。他使一切东西变了形。因为没有自我,他永远不能使科学成为他自己的,并且由于情况改变,他摇摆于科学的迷信与反对科学的迷信之间。

他对讨论怀有一种狂热。他使用认真而果断的言词,采用偏激的态度,但从不坚持自己的立场。无论别人对他说什么话,他都一概接受。他认为别人的意见必然会跟他自己的意见一样可靠,但是最好的办法莫过于在二者之间找出一种实际有效的折中方案。在表面上,他与别人的意见完全一致,但接下来他却照着自己的方式去做,就好像他根本不曾说过什么一样。

当他面对一位有主见的对手时(对这位对手来说,智性根本不算什么,只有在作为现象存有的媒介时,才是真确的),他会觉得非常不安,因为他生活的稳当性似乎受到威胁。因此他不断地改变他的观点,将讨论转移到一个新的层面上,为了下一刻保留给他的情绪暂时坚持完全的客观性;他处于悲伤与愤怒的交替之中,从一刻到另一刻,就从来没有同样的心情,或受到同样的目标所鼓舞。然而,无论情况怎样,他都宁为玉碎,也不愿没有上台表现的机会,或彻底受人忽视。

每件事都应该以合乎理性的方式来处理,这对他来说是件重要的事。他对思考模式、范畴和方法一概接受,但只是以说话的形式,而不是以赋予认知实质行动的方式来接受。他的思想具有三段论证般的一致性,因此他可以借由使用每位思想家都熟悉的逻辑工具，获得暂时性的成功。他利用方言，得以将任何说出来的话转换成俏皮的反话；他从不追根究底，而是执迷于直觉与例证之中；他沉溺于原始的理性之中，因为他总是谈论效果，而且对真实的洞见毫不关心。他指望那些与他谈话者健忘。他那看似果断的夸张表白、动辄诉诸情绪的做法，使他像鳗鱼般机伶地逃避本来或许要麻烦他决断解决的问题。他答应或拒绝，完全看他个人喜好。他说的话都是些废话，而且压根与未来没有任何关系。与他沟通，仿佛是投入无底的深渊。他的话根本不会有什么作用，因为那些话都是些空洞的闲扯。任何人要是与他打交道，都是白白浪费时间与精力。实际上，他因意识到自己的虚无而忧惧，然而，他却拒绝作一种可使他真正实现自我的提升。

像这种描述还可以无限继续下去，而且总是围着一种无名的力量兜圈子，这种力量很可能会秘密地控制一切，如果不是为了把我们变成它自己，就是为了要置我们于死地。

三、有关时间是否实在的问题

什么是目前真实的存有？哪一种具有生命的存有正趋向毁灭，哪些还是种子般的存有？二者如何成为人之存在前途的根本要素？这些都像诡辩者的存有一样，难以认知。它藏身在沉默的领域中而不为人知，纵使支持它的人扮演一个公开的角色，只要他自己向着那个"要透过他自身存在而看到的存有"开放，此一真实存有对每一相遇者都是明显的。

有关时间是否实在的问题，既不能逃避，也无法作答，除了怀疑与询问之外，在此我们实在无能为力。

我们怀疑这种实在性，是一种每一个人都知道而且都能认识的，或每一天的报纸所刊登并诠释的公开存在。因为它很可能存在于那些事情表面之下进行的东西中，或存在于那些除了极少数，其他人都无法获得的东西之中。它或许是一种没有人想象得到的生命，因为没有任何一个人真正意识到它。

我们怀疑，是否能够有任何精神活动，其影响力是如此地广泛，使所有人都能参与其中。或许这种一切人都可接近的性质，只是一种客观具现过往活动之重复，现今符合娱乐的目标。不为群众所知的精神的活动可能一直都是在看不见的心灵领域中进行的。只要人类从这一领域中获得指引，这种活动通过提供抉择动机而间接有效，虽然不是以这种方式使得它的意义对所有人一目了然，或在今天可能变得明显。大家都可理解的是，通过世界上的种种机构，生活基本必需品得以供应，借语言相互沟通的方法，是各种方式中最显著的一种——这些都不是我们在此所关心的事情。

对于成功真正是什么，人们有了怀疑。世俗的成功由大众赞同的数量、由一个人讲话的明显效果和有效、由特权地位的获得、由收入所得等显示出来。凡是追求世俗的成功者，都是为了扩展自己的生活条件；但只有在掌握扩展的生活条件变成一种追求真正自我的手段时，成功才算是真正的成功，因为一个生命的成长是由一切真正使人成为人的东西来圆满实现的。

被人描绘的现在图像，绝不是这个没有限制的现在。每一个人都生活在一个充满未知可能性的世界中。一个人所知的，已不再是真实历史的轨迹，这可以说是一条定则了。真正实在的事情发生时，几乎都不受人注意，而且开始的时候，都是孤独而分散的。任何时代的新生代几乎都不是人们所说的那个样子。那些在30年内会成就大事的年轻人，现在大概都在静静等待他们的机会来临；然而，在别人没有察觉的情况下，他们已经借一种未受限制的精神训练确立了他们的存在。他们对时间有一种感受，而不预期什么。谁也没有办法猜测未来谁会成为大人物。针对淘汰的一切企图，都是一种还不知道自身限制的技术理性不当自大的后果。如果能够预见未来，我们所能预见的东西就已经存在了，也就不必由一种人生的命运来实现。对于天赋、勤奋、忠实可靠，人们都承认其价值；但对于无名之物（Anonymität），却不承认它是真实存有的先兆和有价值的形式。

无名者是沉默无言的（wortlos）、未经证实的、不够精确的。只要它仍然在成长的过程之中，并且世界仍然不能给予回响，它就是隐不可见形式中的存有种子。它就像可以燎原的一把火，或者可能变成焚烧之后的一堆热灰烬，虽然还保留着可以重新点燃火焰的星星之火，也可能终究回归到它的根源处。

四、当代的人

今日英雄已不复可见。提到"英雄"一词，总教我们难为情。历史性的决策已不再操于少数个人手中，也不操于那能够操纵时代而不必别人帮助的人手中。抉择只有在个人自身的命运中才是绝对的，而且似乎总难免与当时庞大的社会体制的命运有关。只不过是群众的热切崇拜和期望使他为自己塑造英雄——这种英雄以某种无比的技巧，以冒险的精神，以获取某种突出的政治地位来显露他们自己,使得个人在片刻之间成为众所瞩目的焦点,但当瞩目焦点转移到别人身上时,他就立即被遗忘了。

真正的英雄行径,只要现代人可能做到,只会在那些默默无闻的行动中,在那些不会带来声名的工作中表现出来。虽然能良好地适应日常生活的需要,具有自给自足的能力,却缺乏大众的认可与肯定。真正的英雄不会为虚假的期盼所迷惑,也不会因听到热烈的掌声而沾沾自喜。他会拒绝插手大家都能做、每个人都赞同的事情,而且他也不因反抗和非难而困扰。他以沉稳的步伐走向选定的道路。这条道路是寂寞的,因为对于他人恶意中伤和自大非难的忧惧迫使大多数人只做群众喜欢的事。很少人能够以不卑不亢的态度来随心所欲地工作,对目前的幻想能沉得住气不理不睬,对事情达成决议之后能不露出疲惫或沮丧之色。由于根本不可能达到满足一个人自身存有的隐不可见,只有在其自身的超越上才能找到一种无法验证的肯定。

人们把英雄的特征刻画成:能屹立不摇地去抵挡那几乎压倒性的恶势力——这股势力在每一世代都想把自己的盲目意志强加到那特立独行者身上。如果确是这样,今日的英雄必须保护自己不受那无法捉摸的群众的迫害。个人如想要继续在世上生存,就根本不该对群众起疑心。他必须沉默地忍受并合作,除非他愿意让那些默默从事破坏勾当的群众以专制的手段来施加迫害。群众的势力被吞并到某些个人手上,而在其中,每一个人身为一有势力团体的一个函数,暂时表示(该团体领导所了解的)它的意志,暂时执行那个意志,一旦达成任务,便再度变成虚无。因为他们只是群体意志的执行者,他们不能算是个人。身为殉道者的现代英雄,永远没机会看到他的对手,他自己真正的面目也是保持隐秘不让人看的。

在怀疑主义盛行的今日,群众迷信的现象已经变成通过失望而建立的懒散却狂热的关系。各种类型的先知都有短暂的成功。通往独立之路,都是经由不可侵犯的怀疑态度而迈向一切客观确定之知识。追求独立而表现出真正自我的人,与早期的先知是截然不同的。

最重要的是没有人把他当作先知,他总是藏在幕后,默默无闻。一旦被人们当成先知,他就会成为一位群众煽动家,一位一下子被当成偶像、一下子又被遗忘的群众领袖,或是一位群众崇拜的首开风气者。有此种认知,真正的英雄会婉拒先知的角色,他不会接受那先知的衣钵,因为他的本色就是不向任何人低头。他只有特立独行者才看得见,后者通过与他本性的接触才会成长。他只要同伴,不要徒弟。只有在作为一切人生活命运的国家生命中,他才能够期望有追随者,只有在这种情况下他才会成为群众的领袖,而只有在他自己建立的理性形式中,他才会做出那种很少人会真正了解,而又像他本人一样难解的事情来。他的本性不是直接表现出来:他并不会成为一位可塑造的人物,他也不会制定任何法律。他不愿被吞没在生活秩序那种无法逃脱的受崇拜者的事业中,他只代表他的自我存在,而努力成为自我存有(Selbstsein);因为他把生命当作一种通过他人自身的根源而影响他们的需求来创造。

他并不预测未来,只描述事实。他尽量把握事实,以为这是存有的一种显示,而不试图将任何一种神话当成绝对。

他的形式是可改变的，他的客观成就可能是无害的，他的认知很可能是模棱两可的。他的本性却是一个明显的秘密。然而无限渴望观看的开放性让他变得沉默；并不是为了想隐瞒他所知道和可以讲出来的事情，而是为了不想把那些虚伪不实，而且本质上不清楚的东西讲出来。这种不可侵犯的隐默无名正是他的标记。在他自己的世界中，每一个人都必须随时准备聆听它的控诉，不让它借着依赖和期盼的谎言，而再度无法彰显。

五、没有战线的斗争

无名者是真实的存有，而且只有那些对它开放的人才有反对虚无的自信。但在同时，无名者是非存有的生命（das Dasein des Nichtseins），虽然它有毁灭一切事物之虞，它的力量却大得无与伦比，并且令人不可思议。无名者是那个为了与我努力要达到的理想合而为一的东西，而且它也是那个如果我要找寻存有，就必须奋力反抗的东西。但是，这种斗争再度得到统一。非存有的生命仿佛已经消失，但又似乎在瞬间主宰一切。那助长动荡不安的根本就是邪恶。当我们面对它的时候，在它残存的自我本位作风里，似乎除了残忍的生存斗争，就没有别的东西留下来。然而，这种看法本身也受到无名的鼓舞，后者把一切都笼罩在非存有（Nichtseins）的障幕之下，因为它本身就是虚无（nichts）。

正如同原始民族相信，他们在遇到精灵神怪时，只要知道神怪的名字，就能够成为他们的主人，现代人在面对这个无法思议、会扰乱他思虑的东西时，情形也是一样的。他会这么样想："只要我能掌握住它，只要我能认识它，我就能使它成为我的仆役。"虚无的无名力量，在这个神怪已被逐出的世界中，就好比是原始民族所面对的神怪一样。

一场我们知道要跟谁打的战争，是不足为奇的。但是在现代的生活秩序中，在一段暂时的澄清之后，我们受到了战线混淆的困扰。那刚才似乎还是我们敌人的，现在已经变成我们的盟友。那原来应该是我们对手的，现在却与我们连手；本来似乎怀着敌意的，现在却放下了武器；原先看似属于统一阵线的，却彼此攻讦。这一切都在一团混乱与剧烈互变之中发生。它使得距离我们最近的邻国成为敌人，并且使得世界另一边的国家成为我们的盟友。

我们很可能认为，这种事态一定是现在正发生冲突的两代之间斗争的结果：在这种意义上，个人并不知道他自己所处的立场，并且没有人能够知道什么是过时的，以及未来的本质是什么。时代的本质是暧昧不清的，似乎很可能会由于我们对自己以及对处境的误解，而反对我们自身真正的目标。然而，并没有统一的存在，过去没有，未来的时代也没有。人在历史中的本质是一种不断的过渡历程，而不是一种在任何特定时期都不成全的动荡生命。寻求下一代的统一，不能帮助他；他或许只有借着无时无刻的不断努力，去揭发那同时对生活秩序以及对自我有害的无名势力，才能拯救自己。

人会很乐意地从自己不喜欢的战线上转移到他真正渴望为之奋斗的战线上去。由于没有同仇敌忾的意志，这样的阵线就像虚有其表的门面会土崩瓦解，他却很乐意能遭遇真正的对手。那莫名其妙的中途介入者，不但扰乱了视线的清晰，麻痹了意志，而且混淆了目标。它为什么不显示它自己？只有当自我与别人在竞争中彼此了解，这一点的意义才会实现。我要有清楚的意识，如此才能分辨我的对手。他不应该躲在我的背后，而在我转过头来的时候又消失不见。他应该面对面跟我见面，并迎接我的挑战。然而，无名的势力偷偷溜走，并且变了形。仿佛在片刻之间我把握住它，可是却发现它不复是原先的它。如果人们对它不作任何反抗，只是丢下它不予理会，它会在许多形态中不再以一股势力出现；然而，接着会出其不意地以一种新的形式露面。它时而以敌人的姿态出现，时而以朋友的姿态出现，扮演各种角色，让人真假莫辨。凡是好管闲事的人都不怕碰到这种鬼魅般的东西。它总是尽一切力量使我们有目标的生活白费心机，人只是对着影子乱打，而在不知不觉中却帮助这无名的势力参战。

真正的对手出现于双方相互为了某种利益而展开的生存竞争之中。当存有与非有为生命格斗时，是不会有对手的。伪装成生命形式的非有，在背地里很可能以不可思议的诡辩形态得到胜利。

第二节　在当前的处境中保存自我

人存在的模式是一切事物的条件。如工具般的组织体制可以尽量求其完美，但是如果缺乏适当的人才，便没有什么作用。如果人不容许其生命持续失败，那么他的意识似乎免不了要面对虚无；他一定忘不掉自己的根源。从历史的轨迹开始他就受到大自然毁灭威力的威胁，现在他自己的生存却受到他亲手塑造的世界的威胁。虽然他现在处于跟他最初成长的不明起源完全不同的一个阶段，但他的整个存有再度岌岌可危。

第五章 人的可能性

无论是一种充满活力的生活乐趣,还是对虚无的坚毅忍耐,都救不了他。二者在遭遇困扰时,无疑都是不可缺少的暂时手段,但是都不够。

如果人想要实现真正的自我,就需要有一个积极奋斗的人生观,一旦他的人生观开始消沉,他的理想开始枯竭,而他又无法自动自发地去找寻那些使他在世上生活有积极意义的价值,他就无法实现他真正的自我。

然而,从个人的自我存在开始了那首次将本身实现成为一个世界的东西。纵然这在一个现世的生活秩序中似乎已经变得没有希望,那暂时已经看不到的事物在人身上还存留着某种可能。如果今天我们在绝望之中追问我们在这个世界上还存有什么希望,每个人都可以得到这样的回答:"成为你自己,因为这一点你能够做到。"今日的精神处境使得每一个人乐于为实现自己真正的本质而奋斗。他必须在生活现实中,通过对自身存有基础的认知,并根据这种认知方式来保存自己的本质,要不然就会失去它。

目前这个时代,似乎是一个提出广泛要求的时代,而它提出的要求几乎都是无法满足的。由于危机剥夺了人的世界,人必须以他所能处置的数据和条件从头开始重建世界。自由终极的可能性是朝着他开放的,纵使在面对极不可能的情况下,他也得以全力去把握自由,否则就只有沦入虚无之中。如果他不选择自我存在之路,除了顺从那社会体制的强制而自得其乐之外,就没有别的路子可走。他必须选择自发自动、独立自主的生活,要不然就会沦为一台机器,向工具般的社会体制屈服。他充分了解,一切事都得看忠实或不忠实而定,因此必须通过沟通来建立自我与自我之间的关系；而如果缺少这一点，他的生活就会失去重心，而变成一种单纯的功能。他必须将自己提升到极限，并在那里瞻仰他的超越者，要不然就会陷入与世俗之事纠缠不清的自我幻灭之中。那些加在他身上的要求，似乎把他当成具有超凡能力的巨人。他必须满足这些要求，他也必须了解在自我成长的过程中他有怎样的能力；因为要是无法做到这样的话，他将什么都得不到。

抱怨个人的负担太多、太重，或埋怨环境应该加以改造，都是没有用的。对周遭环境有效的影响，只有从人格的形态产生。当我从环境的改变期待那原本以我自己能力就可以做到的事情，我可说是对我自己的潜力不忠实。当我把原本自己分内事加在别人身上时，我便是逃避自己的责任；而这个别人，只有在我自己充分实现自我时才能真正成功。

一、出世或入世

个人意识觉醒的第一个标记是，他会表现出一种新的处世态度。自我或自我存在的首次发现，是由人生活在世界上却要反抗世界而引起的。

第一条道路让人脱离尘世，进入孤独之中。在消极的舍弃自我方式中，自我存在无法把握任何世界存在，在可能之中耗尽了自身。它只有为了质问事情才能说话。制造不安是它擅长的。这个克尔凯郭尔曾使用的方法，也是过渡阶段少不了的。如果一个根基很稳固的人要助长别人的不安，上述的方法就会变得虚伪，没有诚意。任何人在从事一项职业时，都是对人生采取积极的把握，任何一位身为老师、拥有家庭、生活在一个历史和科学知识世界中的人,会因为发现这种生活比较有意义,而彻底抛弃消极的出世途径。而希望改变别人所采取的立场,他不能不先向别人表明自己的立场。

第二条道路是入世的,但只有通过第一种方式才有可能。因为从事哲学思维的自我存在,无法以不发生疑问的满足而稳固地屹立在世界上。

今日,当一切生活都笼罩在那社会体制之下而人却无能为力时,当生活变成一个大多数人都得在其中工作的大企业时,希望谋得一份不必仰仗他人的职业或生计是不可能实现的。参与利益团体,以及从事同一行业的劳工团体,现在是免不了的;这种参与可以保障一个人的生活适应外在的目标与环境。当然还可能保留某些相当独立的行业,它们从古代一直传承到现在,还保存得很好,它们足以证明一种无法取代的人的存在类型;然而,即使如此,到目前为止,人们若是不加入一个联合的事业团体,便很可能被淘汰。问题是:如何生活在这样的一个企业之中?

使自己与世界作全然对抗的可能性,是有些诱人的。凡是认定自己在一切实现之前注定要失败的人,只能真诚地抛弃这种想法。因为当他设法最充分地利用生活给予他的有利经济条件时,如果还是要将他自己完全与世界隔离开来,他就会陷入空虚之中,而且仍然摆脱不了世界上的苦恼。他在逃避世界的同时,也变得虚伪了。他一方面指责世界,一方面又逃避世界,只是想通过否定世界的方式来保存自己的存有。

世界的现实是无法逃避的。现实残酷的经验,是唯一能让一个人发现他自我的方式。在世上扮演积极的角色——即使有一个根本不可能达到的理想目标——仍是一个人要成就自我的必要先决条件。因此我们所要努力的是，与世界上的权势和平共处，同时却不被它们所吞并。那被限制在不可或缺领域中的企业，保持着它的优势，为了促进众人生活基本必需品供应的共同努力，同样也是个人生活行动的全部范围——个人参与这项工作，因为所有的人都为了谋生而从事这项工作。但是这种劳动的根本价值观也包含了自我存在的忧惧。

劳动领域降格变成纯粹相对的，这件事似乎使人在耗尽精力的过程中，被剥夺了他的娱乐。然而，是人的存在让人在这种枯燥乏味的活动中坚持下去，而不会有任何行动意志的瘫痪。因为自我只有借着这种紧张才成为可能，由于这种紧张，而不是将两个重要的领域并列，我们尽力去促使工作与娱乐二者相配合，即使一种普遍有效的统一形式作为所有人唯一期望的生活方式是不可能的。因此，我们可以说是生活在一个狭窄的山脊上，要么消失在纯粹的企业之中，要么陷入与这一企业并存的一种空虚生活之中。

进入世界的意义，便构成了哲学的价值。事实上，哲学不是一种工具，它更不是一个护身符；它是在实现过程中的自觉。哲学是我积极成就自我所凭借的思想。我们不应该把哲学视为具有客观有效性的知识，而应将它视为在世存有的意识。

二、技术的宰制

自我进入世界这件事，应该在它可能的倾向中来反省。从技术的领域开始，通过初步的求知意愿，有一条路通往无条件的约束。

（甲）一个技术化世界中每日错综复杂的事情，使我有必要熟悉那些我四周环境的复杂事物。我与事物之间的关系已经转变了；再进一步的变动，剩下的只不过是可转换的功能；技术已经把人与当前的时代分离开了。新的时代使命是以技术获得的方法，再一次直接展现在与世界上万物相关的人之存在之前。技术所带来的种种可能，必须为我们所用。生活工具的合理化，包括自己时间的合理分配，以及我们体力的合理有效利用，都应该让每一个人有机会重新做一个彻底的当代人；如此一来，他可以反省，他可以有成熟的机会，他可以真正接触那真正属于他自己的东西。新的可能性，并不只是对生活物质条件的实现有稳靠的垄断，而是去获得那能让我们凌驾一切物质因素之上的自由。

无论人类征服了哪些技术领域，人对发现的热忱都属于那些想化不可能为可能的工作者所特有的。而就是那些发现使人成为改变世界的创始者，那些发现也可以说是使人成为世界第二位伟大的建筑师。

在技术普遍使用的地方，适当的态度，对最低限度的努力、节省时间、不浪费任何精力的慎重举动等，都有限制作用。虽然技术的世界表面上异常复杂，令人困惑，但是有一种宰制生活客观条件，以及行为者重要行动的奇特的、平静的秩序，却成为可能。对于秩序井然规律的服从——这也是人们从小就被训练照着做的，同样地提供了自我自由发挥的余地。

技术的世界似乎对自然界具有毁灭性。人们埋怨生活已经变得不自然。人为的技术在它自身的发展过程中必须忍受许多的丑恶，并且必须接受与自然的隔绝，但是到最后，它或许可以提供更有效的方法,让人更接近自然。现代人由于掌握了关于阳光以及大自然其他现象的新知识,因而能享受它们的好处。技术的进步,使得人有可能生活在地表任何地方,在这种生活中,人也愈来愈可能享受阳光和空气,以及它们所附带来的一切事物。由于一切事物都变得很接近,家庭的范围也大大地扩张了。由于这种对自然的征服,人们对于纯净自然的喜悦增加了,我身体的活动使我获得这种喜悦,并且使我热切地感受到自己是感官的主宰。只要我利用并扩大这种环境中直接赋予我的启示,只要我能够脚踏实地(把启示只不过当成一种带给我与大自然更紧密接触的工具),我就(以这些人为创造的可能性)不仅能更清楚地看清大自然的密码,而且可以作更理想的解读。

技术化的道路是我们不得不遵循的。任何想要回头的企图,都意味着使生活遭遇更多的困难,终致难以为继。恶言谩骂是一点用也没有的,我们必须去克服困难。因此,技术的世界应当被视为理所当然;对于在技术世界之中发生的一切,也不应该大惊小怪。我们一切行动,都应该更稳固地建立在科技进步之上,与这种需求大相径庭的是,我们也应该培养自己对非机械化的事物确切的认知。把技术世界当成绝对自我是具有毁灭性的,因而我们对科技成就的价值观也就应该赋予一种新意义。

(乙)一方面,基本生活必需品所赖以供应的制度,只要求符合功利主义目标的知识。然而,另一方面,自我的知识是首要的求知意愿。此处我们关心的是一种为知识而求知的热切希望。如果我接受实用为知识的终极标准,我就会处处以实用为依归,而牺牲了自我。但如果是为了知识而求知,我就会在求知的过程中成就自我的认知。

功利的知识只有在作为真正知识的结果时,才有可能,而真知识又可以分割开来,并把自身当做某种与真实有效的世界分离开来的东西。结果,甚至在技术性的生活秩序之中,已知事物的模式决定性的意义,只有在自我会设定限制时才是可靠的。在缺少这一点时,那认知的事物和想象之间,就会产生一种混淆。如果那理性上令人信服的知识被当成绝对的,一切的存有物都会被视为处于技术的领域之内,这种误解的结果便会造成科学的迷信,而紧接着一切其他的迷信也会产生。因为在这种情况下,人既无法以一种可以信赖的方式来认知,也无法成就真正的自我,从此看来,科学只能理解它本身究竟是什么。

未来有赖于知识各种模式间紧张关系的维持。在这种情况下,特殊知识仍会受到存有的照明,而哲学则会由世界的单一性来圆满实现。自我是认识最重要的工具,这种工具,确实只有根据视觉认知世界的程度来补充视觉,但也只有在它本身保持主动时,才是如此。生活为个人,变成了人意识自己是存有的责任,除此之外,生活同时也变成认知者的实验。人以研究的方式,以有意的方式,以建设性的方式的所作所为,乃是他用以发现自身命运努力的法子,以及他借以认知存有的方式。

(丙)然而,若只就生命来谈生命,那种从一连串消逝的片刻开始到结束的生命,并没有命运的存在;对它来说,时间不过是一种延续,回忆也根本不重要;现在(与未来并没有连续性)只不过是一种暂时的享乐,或为获得享乐的暂时受挫而已。人只有通过约束,才能战胜命运:不是通过那种由外在的强大力量强加于他身上的束缚,而是他自己心甘情愿接受的那种约束。这种约束使他的生命保持统一,因此生命没有被浪费,而是使他的可能存在实现。在那时,回忆向他显示生命无法抹杀的基础;而未来向他显示,他必须为他今日的作为负责的理由。生命发展的领域是无限广阔的。人无时无刻不在面对他的新时代、他的成就、他的成熟、他的可能性。自我生命的存在总是希望成就一个大我,而只有通过行动者,才能获得有效的约束。

当历史上的相互联系逐渐消融,成为如同机器功能可以随意替换的一群个人,往往就会把人裂解成每个当下的短暂前景。因而相互关系纯粹是相对的;它是可能丧失的,只不过是暂时的,而那绝对的关系,却被认为是一种完全不实在的感情用事。在这种实证主义中,混乱的感觉增长了。那也是为什么今日的人们不断要求新的关系、为什么要追求权威以及宗教信仰的缘故。然而,纵使时间能制造奇迹,真实的约束却不是人为所能建立的;这种约束必须由个人在团体生活中自然而然产生。建立关系的要求只不过是对遵守权威和成文法人为命令的要求,就逃避了真正的使命,结果是无条件命令变得不可能,自由就会陷入瘫痪。因此,人面对着两种选择:或者他要设法诉诸种种权威形式——这些权威能认可社会体制来提供生活基本必需品——来安抚他那忘我的生活;或者凭他个人的身份,他得把握住那决定生活的唯一绝对原理所赖以建立的基础。

那些能借自我约束在生活中建立起真正人际关系的人,才是唯一能在世界上保持真诚的人。因此,纯粹为反对而反抗客观约束是虚伪的,只会造成永远的混乱,并容易在反抗的目的消失时坚持下去;唯有为了争取喘息空间的自由,才会是真诚的、真实的;只有通过建立联系的努力,才有正当性。

三、历史性的入世行动

只有那心甘情愿接受约束者,才会拥有不顾一切违抗自己的能力。当代人,身为人,唯一一项未完成的使命,就是在面对虚无时,凭自己一股冒险的精神去找寻真正的道路,在这条道路上,生命可再度变成一个整体,而在普遍的动荡不安之中,生命已经支离破碎。就好比在上古神话英雄的时代里,每件事似乎都退回到个人身上。

然而,必要的是,一个人应该与其他人一起融合到一个具有历史意义的具体实有中,与世界合而为一,如此他在到处飘泊、流浪中,可以为自己建立一个新的家园。他超然物外的态度,使他得以自由地投身入世。这种超然的精神,并非理智的抽象作用使然,而只有通过与整体实在同时的全盘接触。这种潜浸入世,并非那自夸自负者有形可见的行动,而是在一种平静的无拘无束中才发生作用。超然脱俗的精神是一种内在的特质;然而,潜浸入世却唤醒了自我中一切人性的成分。前者要求的是自律,后者要求的却是爱。

的确,这种历史的入世行动是可能存在的,它可借无条件的约束来实现,却无法根据任何规定而发生效果。我们只能把它当成一种吸引人的东西来谈论。它可以在谨慎的态度中遇到,就如在本行工作中的专注和性爱中的排他性一样。

这种敬事的动力,固守着"人是什么"与"人能成就什么"的尺度,借着对伟大历史人物的默思来帮助自己。它不认为如此所显示出来的真相会从世界上消失。它对于任何有助于它自身成为传统一部分的事物,都保持忠诚。它包含了那些在某个人身上,由自身存有而生出的因素——在那个人的阴影下,它首次意识到自己;而它就如同永远不衰减的虔敬心情一直持续着。回忆为它保留着那些在世界上不再具有任何实际存在的绝对主张。虽然个人目前在生活中所面对的事情,似乎都缺乏价值和特质,虽然一次又一次地觉醒,但他仍然得保留那可以作为他自身本质的标准,他仍得在真理残余的灰烬中为他自己要走的道路找寻指引,并且要确定人之所以为人的地方究竟在哪里。

日复一日地工作,一直不停地工作,当工作完成时,就会立即陷入被人彻底遗忘的深渊之中。但是当工作在长久期待的鼓舞下积极地完成时,或当工作者集中心力坚持到底并注意工作的趋势去积极工作时,工作就会变成一种自我的表现。即使他无法逃避失业的噩运,或者他的劳动力因年迈衰减、被迫退休,而他内心又极不情愿,仍然得保持着他自身做人的准则,虽然在这种最贫困潦倒的时候,他仍然可借他自身的行动达到一种近似的目标;而且存在一种难以实现的可能性,一种别人从来不会去要求的真理,也就是:"尽管我是一块铁砧,我可以完全承受铁锤给我的痛苦。"

性爱中的排他性,将两个人为着共同的未来无条件地束缚在一块。在自我真正通过对方而认识自己的时刻,爱的基础就植根于那连结自我与此刻忠诚的抉择之中。消极地放弃婚外的性爱关系,只是一种积极之爱的结果,当代人的这种爱,只有在涵盖整个生活时,才是真诚的;而那不放纵自己的消极决定,却是为了自我这种忠诚的、毫不妥协态度的结果。在性爱的事情上,若没有严格的态度,就没有自我可言;然而,性爱通过无条件约束的排他性,首度成为真正人道之事。当欲望提出诱人的话语,当某种内在的声音似乎在告诉我们,性爱满足的美妙以及个人的快乐,只有在连续而富有各种变化的性经验中才能找到时,真正人性的尺度发挥了作用,使我们避免陷入这种诱惑,并拒绝承认人性中不受约束的这部分的要求。

自重也可说是自我的基础,职业的活动是自我在世上可能的实现。个人排他性的爱,或是无条件为这种爱付出,便是自我精神的真诚表现;如果没有这种真诚,我们都会沦落于无可救药的禽兽行径。

每次对绝对事物的追求,都使人在严以待己的态度上变得非常不自然;因为那历史上无法取代的存有真实性和自我克制的大量运用,以及意志的有力控制,都是相连不可分的。只有那运用自我训练的坚毅力量,并由一种可能真正实现的迫切感受所支持的人,才会循规蹈矩,行人之所以为人之道,这条正途本来是在客观权威强制下非得遵循的,现在却因自我意识到它自身的责任,而心甘情愿地乐于去遵循。

就群众的实际生活而言,这种历史性入世行动的绝对自由和精神力量的权威存在是相连不可分的。自由与权威间的冲突可以说是这样的:要不是彼此都为着对方而存在,双方都无法存在;自由会变成混乱,而权威会变成专制。因此自我助长了保守的势力,同时自我既身为一个个体,必须为成就自我而反对这股势力。自我需要的传统与所有的精神生活,都只有在权威的人物中才得以具体表现。虽然在教会中没有自由可言，教会却是这种自由——在任何可能的时间里——的一种必要条件。教会保存了精神价值的领域，也为超越实在的不可改变，以及超越实在加之于人的种种要求的迫切性方面，同样保留了一份感情。当教会在不知不觉中没落，并暗地里与不信者结合，沦落成为群众体制的一部分，终究丧失了作为自由根源的功能时，随之而来的危险一定很大。

四、人性的高贵

人生的价值是否仍然可能的问题，与人性的高贵（Adel des Menschen）是否仍然可能的问题是一样的。那些借着继承而获得特权地位的少数统治阶级，或借权势、财产、教育以及一种实现的文化理想，而爬到众人之上的阶层；那些自认为他们的统治对社会大众是最好的事，并且他们的统治被群众认定也是最好的少数人，在这些形式下的贵族政治（Aristokratie）便不再有任何问题。任何这样的统治，的确很难长久保持一种真正的贵族政治，亦即一种真正由最优秀者来统治的政体。即使一个基于社会因素或遗传因素而执政的贵族政体，在一个短时期内有了很大的贡献，也马上会沦入少数人的强制统治下，这些人本身也构成一批群众，表现出群众的典型特征，也就是服从多数的决定、仇视任何杰出的个人、要求平等，对于任何显示不出群众特征的显著特质，都冷酷地孤立或排斥，对优秀人才加以迫害。由少数统治的贵族政体将某些高贵的特质据为己有——这些特质只是人之存在真正高贵气质的社会替代品。这种贵族政体若是一再创造出独特的精神世界，这便要归功于它出身真正高贵的血统，以及长期的自我教育。

从社会学的角度来看，有权势的社会阶层或许仍会继续存在，但是他们会是很粗俗的。今日人类高贵与否的问题，是我们要如何去拯救那些只占极少数的最优秀分子。

这样的贵族政治是不能与世界脱离开来的，也不能通过培养对过去的浪漫爱恋所鼓舞的个人生活而实现它真正的自我。除非它慎重其事，并在清楚意识下心甘情愿地去参与时代的严重情况——事实上这也是它自身存有的根基所在，它只不过是一撮会提出不当要求的人组成的团体罢了。

所谓"贵族"或"气质高贵者"的最佳解释，并不是指那些经过挑选而可以栽培的具有天分者，也不是凭人类学标准所能决定的种族类型，更非那具有非凡创造力的天才，而是那些实现自我的人。这种人和那些内在感觉空虚、没有奋斗目标、内心经常在挣扎的人截然不同。

今日反对贵族或高贵气质的最后运动正方兴未艾。可是这种反对并不是在政治和社会的层面上进行，而是在人内心的领域内进行的。人们会很高兴开进步的倒车，会阻止那被人认为是时代根本但现在却被遗忘的人格开放。我们要怎样才能好好地照顾那不愿自食其力的群众人，这个问题的迫切性，在我们每个人内心现存的平民性格中引起了对那由上帝（虽然是隐而不见的）所要求于我们之自我的一种违抗。个人将在自己的命运中完成自我的可能性，可说完全被摧毁了。群众的本能与"宗教-教会的"本能，及"政治-绝对论者的"本能，结合到一起（这是以前常有的事，只是于今为烈罢了），使得群众秩序中普遍的水平低落。

这种反叛所针对的，乃是人性中真正高贵的成分。早期的反叛、政治上的反叛，都可顺利进展而不会使人毁灭，但是这一次的反叛，如果成功的话，却会使人走向毁灭。因为不仅在最近几个世纪，就是从犹太先知和希腊哲学家那时起的整个历史过程，人的存在就显示出是基于今日所说的位格性。不管我们怎么称呼，它在客观上都是无法理解的，它经常是自我独特而不可替代的模式。

五、团结

当人们像一盘散沙一样聚集在一块儿时，只有在真正的沟通和个人忠诚的团结之中表现出真正的友情，真实与确信才会存在。

使我们摆脱孤独的并不是世界，而是和别人发生关系的自我。独立自存的个人之间相互连结的关系构成了不可见的基本实在。由于没有可供判断的可靠自我的客观标准，无法从个人直接聚合组成有影响力的团体。有句谚语说得好："体面的人们彼此间没有信赖(keinen Trust der anständigen Leute)（更不会组成团体）。"这是他们的弱点，因此他们的力量只能隐藏而无法显现出来。他们之间有一种不具任何正式契约形式的关系，但却比任何国家、政治、党派或社会团体的结合要更坚强，甚至比种族的结合更强固。它的表现从来不是直接和立即的，它最先的表现是在结果上面。

现代世界所能给我们的最好礼物，便是独立自存的人类之间的这种亲和力(Nähe)。事实上，他们自己就是这种亲和力存在的保证。我们应该去找出那些世界上真正影响我的人物：不是那些仅止于相识的短期逗留者，而是那些使我认识自我的永恒性人物。现在已不再有伟人祠的存在了，但是在我们内心深处，有某个地方专门用来纪念那些对我们有深刻影响的人物，就是由于他们，才会有现在的我。那些对我们有深刻影响的人物,并非就是历史上为人熟知的"伟人",但是这些人的伟大是和他们在生活上对我们的影响成正比的。这些人对我们来说,是永远长存的——不会把他们当作偶像来崇拜,也不用宣传。他们在那些为一般群众所熟知的人当中并不引人注目,他们也不是一般人心目中够分量的人物,然而他们却是我们学习为人处世和人格发展少不了的。

在一个孤立的存有者身上,是找不到真正高贵的气质的。真正的高贵存在于独立的个人相互之间的关系上。他们意识到相互关怀是自己的责任,无论在哪里相遇时,有相互帮忙的义务,并且随时准备与对方沟通,不掉以轻心,且不表厌烦。虽然他们之间并没有任何形式的约定,但是他们忠诚地团结在一块儿,要比任何形式的约定更牢固。当自我与自我产生真正的对立时,团结可能化敌为友。因此,那些可能跨越一切分歧,在政党间存在的一种最佳的团结——纵使它不因缺少机会而不公开表现,或因为它的发展受到环境机会的阻碍,还是极易明白的。

这些人的团结,必须和那根据好恶而来的普遍存在的优先选择相区别,必须和那种凡夫俗子相互之间所发挥的特殊吸引力相区别,必须和那种多数人反对少数人软弱却固执而被动的聚合相区别。后面这种凡夫俗子自认为比较安全,因为他们在群众中生存,也在其中相遇,并从群体力量中得到他们的权利;而独立自存者,由于人格的可靠,他们的团结绝对让人信赖,但由于他们人数少,而且接触面太小,反而被世人认为不可靠。另外那些属于群众范畴的人,拥有许多朋友,但却不见得是真朋友;而那属于优秀分子的人,只要拥有一个朋友,就是幸运的了。

具有独立自主精神和高贵气质者分散在各处，这些人彼此受到时空的阻隔而分离。这种精神上的贵族阶层不是随便加入的，一个人无法借着某种判断行动，而必须通过他自身存有的实现加入。这种分散精英的团结在无名的朋友链中，仿佛基督奥体的无形教会，从这些各地的朋友中，同时通过个人客观的行动，向他人显示自我，而且或许是一个遥远的自我。在这个非物质的精神领域中，任何时刻都会有一些人进入亲密的关系之中，经由彼此之间亲密的往来激荡出一些火花。他们是到目前为止在世上还有可能的最高尚伟大活动的源头。只有他们才算得上是真正的人。

六、贵族与政治

群众之所以加入群众运动，是因为领导者告诉他们需要什么。少数人创造历史。但是即使群众承认，这种贵族政体的成员形成一个具有统治权的阶级，群众却不太可能对贵族政体仍然保持尊敬。无疑的，今日凡是缺乏真正自我而无法诚实思考的人，都应当努力去找寻思想的方法。但是群众在这方面学习得很少，在这方面的思想参与很少，却还不断地热衷参与政治活动。

因此现在的问题是：由群众暂时的同意而执掌政权的少数人，如何来为自身塑造权威的工具，凭借这一工具，即使在群众撤销同意时，为了要在群众人心中留下深刻印象，虽然群众人并不拥有真我，而且并不知道自己真正所需，这少数人仍然能保持住统治权。具有排他性的少数派在意识到自身崇高的地位时，可能为了执掌国家大权而合作，他们以领导者、走在时代最前端者、具有最活跃意志力者自居，要不然他们就自命为伟大领袖的侍从，或是基于血缘的特权而这么做。他们将他们自己比作古代的秘密教派，在他们自己的阶级中有严格的淘汰机制，要求非常苛刻，控制非常严密。他们自认为是特权阶级，是佼佼者，在获掌大权之后，不顾一切地要保持自己的地位，而为了这个目的，他们训练年轻一代的接班人，以延续他们的权威地位。但是，即使在他们的开始阶段，自我的精力可能会在最具决定性的个人身上具有影响，而且会继续有影响，这一统治阶层的人，也很快就变成一批新的，但绝非贵族政体的少数群众团体。在群众人的影响具有决定性的一个时代中，人之存在的高贵气质要持续在一个具有统治权的少数团体形式中保留下来，似乎根本没有希望。

因此，贵族对抗群众的问题，当然不再是个真正的政治问题。二者之间在政治的辩论上仍然表现出对立，但只有用词和过去一样，言词所指的事情却是异质的——一个有组织的少数团体，是否以蔑视的态度来统治广大的群众，或者以高贵的精神默默地融入群众秩序中；是否一个尚未有成立理由并因此无法忍受的统治形式就此确立了，或者人之存在的高贵成分找到了实现的机会。

七、伪装的高贵

高贵的气质只有在存有努力实现自我的提升行动中才表现出来，高贵气质无法从自身得到自己的属性。高贵气质并非某些人特有，而另一些人不具备的一种"种概念"(species)，而是一般人提升自己的可能性。因为我们易于在日常生活中找寻到满足，自我提升行动的精力总是限于少数人才有，但在他们身上并不一定如此受到限制。他们并不是群众当中登峰造极的代表者，而是群众暗地里非难的对象。通常群众对他们的认识都只是误解。

平等的概念——除了一种纯粹形而上的可能外，以及从与人的实际生活关系上来考虑——是虚伪不实的，并且因此几乎总是遭人默默摒弃。在容貌与举止等外表上的不悦、讨厌的笑声、让人憎恶的自满、没有价值的悲哀、在感情上确信只有与群众结合才会有势力——只有那自认为能和低下阶层者和睦共处的人，才不会被这些事情弄得不愉快。没有一个人在面对镜中自我的形象沉思时，不带着少许困惑或恐惧失望的；而他怀抱的期望愈高，他在别人面前对得失也愈敏感。只要群众能成为可能向上提升的推动力，其地位就会被承认；也就是说，只要他们本身就是那些具有影响力的少数，就会如此。那值得去爱的，并不是具有生命的人，而是作为可能存在的人，亦即每一个人身上潜在的高贵成分。

如果人内在的高贵成分想把自身当作一种限定的生命，并想选择高贵，他也会变成高贵。真正的高贵在人的自我要求上是看不见的，而假装的高贵却是一种惺惺作态，并只会对别人有所要求。

因此，在回答贵族政体在今日是否可能的问题时，我们只要反问那位提出这个问题的人，质问他的自我中是否具有这种高贵成分。这是在每个人身上都可能发生的内心挣扎，除非他压根是个麻木不仁的人，才不会有这种挣扎。

八、哲学的生活

人之存在的高贵气质可以称为哲学的生活。凡是受到一种信仰的真诚所感染的人，都会具有高贵的气质。人若是把那只能是他自己的内涵交由权威决断，就丧失了他的高贵；但人若是信赖上帝,并不会失去自我,因为他体验到他提升行动的真实性,就如同在失败中的一种有限自我存在的行动——由于这种真实性,他在世上无论遭遇了什么,他除了是他自己之外,便无法是别的东西。

人们仍然要求这种高贵的气质,主要还是一种传统。我们无法在外在的活动上成就一切事情;而就人为事件核心的内在活动而言,所需要的只是一个字眼,它不该是一个空洞的字眼,而应能对那即将要发生的事情有振聋发聩的作用。此一字眼有意义上的变革,但它却是真正人之存在借以觉察进入未来之途的秘密线索。作为哲学生活的这种人的存在(若没有它,灵魂便缺少了在世生活的客观实在性),是哲学思考的终极意义。只有在哲学生活中,系统哲学才有考验与印证的机会。

人的未来完全由他的哲学生活模式所决定。这种生活模式不应当被当作人必须遵循来指引自我的规定,也不该被当作人必须努力以赴的一种理想类型。哲学生活,一般而言,并不是大家都相同、独一无二的形式,它就像一阵流星雨、无数的陨石,不知道它们从哪里来,到哪里去,却在生命的天际中划过。个人会通过他自我存在的提升,不管程度大小,来参与哲学活动。

九、自我的处境

人达不到他成长的终点;他存有的本质就是在时间进行中,他得不断地朝着一种崭新的命运改变。从开始,他在世上所繁衍的每一个体都含有自我毁灭的种子。

只在历史将人从上一种生活形式驱往下一种生活形式,从上一种自我认知逐往下一种自我认知之后,他才会记住,自己已经从先前的阶段过渡到现在的阶段；但是对他来说，他似乎无法再往前进步了。似乎从一开始，人就没有认清他是面对着虚无，而只有靠他自己通过过去的经验，来为他自己开辟出一条崭新的道路。

今天，虽然生命开展的种种可能根本无法衡量，我们感觉自己仿佛处于一个极为狭小的窄缝中，使我们的存在可能喘不过气。由于这种情形普遍为人了解，一种绝望的感觉影响了人的行动（对于那些不了解这种情形的人，是一种潜意识的），从客观的角度来看，这种绝望感可以说是一种结束，但同时也是一个开始。

人无法逃避这种处境，也无法重返那些不真实的意识形态中，因为那些都是属于过去的时代。他很可能让自己在忘我的欢乐生活中平静下来，幻想自己在永恒的宁静之中重返大自然的怀抱。但是有一天，残酷的现实会再次打击他，并使他瘫痪。

对那被迫重返赤身裸体状态的个人来说，今日唯一的选择就是，与其他的个人一起重新开始，如此可以同心协力、携手合作。在第一次世界大战末期，当我们西边的防线正面临崩溃之时，各地还有一些我们的同胞屹立不摇，以一种牺牲奉献的精神完成了任何命令所无法使他们达成的任务，并于最后时刻确保祖国的土地不致沦丧，为后代德国人树立了不屈不挠的精神楷模，常令人追思怀念——这些动人的报导揭示了一种很难达成的事实，可以作为现代人种种可能成就的象征。这是第一次人的存在在面对虚无时，以及在面对毁灭时，能够去实现那一个不再属于自己的世界，而是属于未来时代的世界。

如果我们把那种面对虚无的情况称为"不信"（Glaubenslosigkeit），那么在不信之中，自我的力量会产生一种内在的行动，在面对看不见的事物时,会作一种跃升。这种力量决不会将那些必须靠内在自由来决定否则便会失败的事情付诸客观的诉讼。这种力量自视甚高,它存在于某种力量的僵持中,存在于一种反抗单调生活的强烈抗拒中,存在于相关事物的韧性之中,存在于坚毅忍耐的工夫中,存在于一种历史关系的排他性中。它知道自己正在走向失败,而在失败的行动中,读出了存有的密码。它就是以哲学为基础的信仰,这种信仰使每一个个体死后能够继续把火炬传递下去,不断地让自己获得新生。

这种活动不能加以任何的限制,它不断地使我们看到人是什么,或人能成为什么。每当一个人受到绝对者的激励,而在他自己的道路上努力迈进时,他便突破了时间,抓住了永恒。

过去的经验并不能告诉他应该怎样立身处世。虽然过去的记忆光照着他,但他仍需要自我抉择。最后,他很清楚他的精神处境是怎样的;他在怎样的情况下意识到并确信存有;他无条件需要的是什么;在现有的情况下,他应向谁求助;以及在他内心中向他说话的那些声音,他究竟应该听哪一个的。

除非他从这些来源汲取灵感,否则世界对他仍只是个需要冒险的事业。如果他的存有准备要成为一个真实的世界,那个准备在团体生活中牺牲小我、成就大我的人,首先要做的仍是把握自我。

自我的存在是一个必要的条件,少了这个条件,作为人活动实际范围的世界,一个充满理想的实在世界,就不再可能存在。因为自我只有在与时间的存有结合时,才可能存在,即使自我可能会与时间冲突,但它仍毅然决定只在此同一时间中生存。自我实现的每一个行动,无论多么微不足道,都变成了创造新世界的种子。

第三节　沉思的预测与积极的计划

一、沉思的预测

与世界的亿万年历史相比,人类 6 000 年的历史传统,似乎在我们这个星球的转化过程中,只不过是一个新阶段的最初几秒钟而已。与人类生存在地球上的几十万年对照比较,有文字记载及口传的历史,只不过是人以行动来逃避令人懒散的周而复始情况,掌握自己命运的最早开始。无疑的,对每隔 30 年就是一代的人来说,6 000 年是一段很长的时间。人的记忆使他了解人类的年纪,因此现在正如同 2000 年前,他感觉自己生活在一个末日时期(Endzeit)中,黄金时代在他看来都已经过去。然而世界史的透视,使他了解自己事业的短暂,以及自从他成为人以后普遍所有的处境。他知道现在一切都摆在他的面前。几十年来技术进步的速度,似乎是这一事实不会错的证明。可是他仍不得不自忖:是否整个人类史只不过是世界史中的一段短暂插曲?或许人注定要从地表消失,而世界的历史,或许会在人不存在的情况下继续下去,没有终止。

我们想起了煤矿蕴藏会耗尽的问题,这是一个燃眉之急,因为这些蕴藏量不够几千年之用;另外,其他我们所用的能源供给也是有限的;地球的温度终究会逐渐冷却,会造成生命绝灭等问题。这些都让我们忧心忡忡。然而科学上的事实在本质上是:对于假定不可避免的未来之推论,虽然具有高度的盖然性,却永远无法达到确定的地步。无法预料的技术性方法创新,可以使我们避免技术环境中具有危险性的难题。我们可以想象出一个乌托邦，在其中借着一个庞大的组织，人有能力来操纵一台世界的机器，就好像一位侵入新领土的征服者，他可以占有整个世界。或许，当地球冷却下来时，人会试着生活在地壳内，而不是生活在其表面上；或许，他会找到通往无限宇宙其他领域的道路。很可能人会逐步去窃取造物者的特权……然而，此处我们接触到了可能性的边缘，并且很可能在技术的界限上，经过数次的大灾难，世界末日就会来临。

抱着比较悲观的看法，人会自忖文明末日的问题。人口的增加会引起更进一步且更多的毁灭性战争，而日益精进的攻击性武器可能会完全摧毁我们生存的基础，而紧接着也会摧毁我们人类的文明。事实上，当文明被彻底毁灭以后，伟大文明古国少数幸免于难者又重新回到野蛮时代，而不得不重新来建立新的文明。问题是：这样全世界人类文明的瓦解目前是否急迫？我们目前处境的独特性可以说是这样的：即使在某一个或许多个大陆上文明被彻底地毁灭，在另一个地区，由过去所传递下来的累积知识，仍可能使我们的同胞得以保存住人类的前途；但有一个很明显的危机存在，就是一旦那自身已变成世界性的文明，要是遇上一场非常不幸的世界大战而毁灭的话，没有任何的文明能够保留。

我们担心的问题有：是否我们生活秩序的特定性质会是我们最大的危机？是否世界上的人口会增加到根本没有立锥之地的地步，使得到最后群体中的人类在精神上就窒息了？是否反优生的淘汰和逐渐进行的种族退化，到最后有可能发生，幸存的人类仅是那些如机器般辛勤工作的人呢？人类被他制造来满足自己需要的工具所毁灭，这是绝对可能的事。

对于无法阻挡人类命运进程的难解法则，总是让人有着许多的疑问。某些不可缺少的物资会不会逐渐地耗尽，使得人类毫无例外地都灭绝呢？艺术、诗词以及哲学的没落，会不会是这种东西逐渐耗尽的征兆呢？现代人投入事业的方式，他们目前交往的模式，他们让自己像奴隶一般受人差遣的风气，他们在政治生活上的汲汲营营、在娱乐上的浪掷光阴等，是否都显示了前面所假设的那种东西正愈来愈缺乏了呢？我们或许仍然保有足够的分量，使我们注意到自己正在丧失的东西；但是在不久的将来，当这种东西愈来愈缺乏的时候，我们的子孙或许不再了解究竟发生了些什么事情。

然而，这样的问题以及各种可能的答案，无法帮助我们了解整个过程。不管各种不可能的证明多么让人信服，这些证明会由于那些在未来迟早会被我们发现的新知识，而有可能产生错误。我们可以理解，并且也可以预测事情的细节，但是无法描述一个绝对不会错误的整体图像。这些预测都不具有哲学的性格。它们只不过是具有某种程度的现实基础的技术性与生物性幻想罢了。作为具有潜在能力存在的人，是无法对这种想法感到满意的。

从现实的观点来看，我们能说的只是："在此刻，我无法看到他种可能。"根据我们今日所拥有的知识以及目前仍然适用的标准来看，我们的理智最后总是不可避免地面对着一道障碍。

二、未来的情况

如此看来，我们的预测只不过是一种可能性的知识，而实际上事情发生的时候，很可能与这些猜测的可能性完全不一样。我应该时时刻刻记住我自己真正的需要是什么,这件事比那些在我能力范围以外的渺茫可能性要重要得多。谈到未来,这表示我想知道人在未来会变成什么样子。最主要的问题是:在未来的日子里,哪一种人得以侥幸生存?唯有在他们的生活具有一种延续过去数千年人类所有的价值和尊严时,我们才可能对他们感到有兴趣。我们的后代子孙必须能够承认我们是他们的祖先,而这不必限于在生理上或历史上的意义来说。

然而,对于人类究竟是什么,并没有一种独断的看法。因为人之所以为人,并非只是经由生、养、教的过程而成其为人,而是通过每一以其自我存在为基础的个人自由而来的。

因此,剩下的问题是,我听到了过往的呼声,它使我认识我身上的人性,并且在一生之中,我不断将那种呼声传达到未来。然而,对历史整体的沉思使我们远离那使历史成为难以理解和不受人注意的因素。可以从历史推衍出的预测,充其量不过是我必须受到行动限制的界限罢了。

结果是对整体所作的沉思性预测——一种意志并不在其中扮演角色的计划——只不过是在个人内心活动真正开始之前的一种逃避而已。如果对沉思的预测感到满意,我就会迷失在全人类历史的舞台上。我让自己被必然进步的预言麻醉,不管是朝一个没有阶级社会迈进的马克思主义路线,或者在文化形态学上作为一种符合公认程序法的一种过程,或者在独断的哲学上作为某种确实可达到的人之存在绝对真理的伸张与实现。当我探究人类前途时,如果我提出问题的态度是认真的,我就必须抛开所有的偏见——不管它们有多么辉煌,或者多么令人沮丧,并在可能范围内尽量去追根究底，这种种可能给人配备最完善可得的知识，尽力去塑造自己的未来，而不只是去沉思而已。

紧接而来的第一步，人对未来的任何预先计划绝不是固定和一成不变的。它顶多是一种开放的可能性。如果我想要去计划未来，那么这纯粹是为了要改变事态的演进。一方面，我所计划的未来离我愈近，预测的相关性也愈大，因为我获得更多可干预的机会；另一方面，我计划的未来离我愈远，我会愈觉得无所谓，因为这是我任何可能的行动都没有办法左右的事。在这种意义上，计划便是一个想做某种事情的人所作的沉思。他所注意的，并不是那些必然会发生的事，而是那些可能发生的事；而他设法使未来成为他所想要的那个样子。未来变成了某种可以计划的事情，因为未来可以照他自己的意愿来修正。

其次，这种计划充满了与现存情况相关的意义。计划并不飘浮在空中，或与一位永恒的观察者有关连。凡是在目前能从过去生活经验中获取最深奥知识的人，都可得到最确切的计划。一个人透过一个他积极参与的世界和他的自我，获得对他自身的了解。他已经了解到，如果他想要像一位渴望对整体有认知的纯粹旁观者一样置身事外，他就会完全失去对普遍事态演进的洞见。在他将对自身处境的认知扩大到他所能接触到的世界的范围时，他首先就有了这种觉察。他被一种达到可作真正抉择的环境的渴望所鼓舞，而不是被一种收集现在无数事实的愿望所推动。他想要置身于那些先知先觉者当中，这些人才是使历史前进的推动力。

第三，这种计划并不只是对实际发生事情的认知，因为像这种知识一样，这种计划同时也是促使事情如此发生的因素。没有任何对实在的憧憬不含有意愿在内,也没有任何这种憧憬不会多少刺激或阻扰意愿。我所期望的事情便用这种方法来测试,只要我说出我的期望,我也尽力帮助——不管尽的力是大是小,是真正帮助或阻挠——实现我自己的期望。正反两面的效果都有可能。或许我尽力配合我的计划,并因此修正事态的演进;也有可能会发生某种任何人都没有预料到,而且也没有任何人希望或担心会发生的事情。即使我们知道未来是无法逃避的,而且我唯一的选择只有顺应潮流或反抗潮流,这种计划仍然具有极为重要的意义,只要它是由充满信心的人所作的,因为如果坚信即使我不做什么,结果还是一样,计划仍可以加强韧性并促进行动。当预测指出某种令人厌恶的事情不可避免地会发生,并且也无法防止时,它使我们的意志瘫痪下来。然而,这种信念是一种谬误,因为它隐含了我们具有的知识比可能的要多。唯一确定的事,是可能的不可靠性;而这一点使人意识到迫在眉睫的危险,并让他竭尽全力,因为他自知对决策还有点影响力。精神对处境的意识,仍旧同时包括了认识和意志。由于世界的演进是含糊不清的,由于到目前为止,最好的计划经常遭到破坏,而且在未来也可能触礁,因此世界的演进总是停留在一种可能性之上,而永远无法成为确定,所有与遥远未来相关的计划和活动都是没有用的,最重要的是,当下立刻去创造并鼓舞自己的生活。即使世界末日就要来临,我还是需要对未来抱着一丝希望。阻止一件讨厌的事发生,只能从目前吾人自身生活的实现意志上获得推动力。在面对未来的晦暗不明、威胁和深不可测时,我们发现,即使还有时间,也是愈来愈难去听从召唤。事先计划的思考,不用离开那可能范围的计划,而对现在作出反应,当下即刻的真诚行动,是我必然拥有的行动范围。

然而,这也是未来人类行动的基础,因为即使他们都由社会体制所决定,且意识在其中觉醒,他们当中真正的人将会在体认到自身存在时,得以成长。因此,在任何时刻与每一时刻中,追求未来人之存在的意志,有一聚焦点;而且诡异的是,世界上所发生的事情都是由每个个人借由他自身持续行动的自我抉择来决定的。

三、积极的计划

沉思的预测是一种不用思考者一方积极参与的求知欲表现。积极的计划却表现出何者为可能,因为那使这种可能性实现的意志是一种决定要素,这种计划使人脱离沉思的阶段,而走向自愿的抉择。

由于无法对世界未来将要发生的情况绘制一幅完整的图像,对于可能状况的构想,仅向我们揭示了为未来而战的战场,而真实世界即将从此战场中产生。如果我们只是这场战争的旁观者,就不会了解它为何而战。

战场是晦暗不明的,实际斗争经常只是一团纯粹无意义的对立而已。战斗发生在固定的战线上,主要是战斗者被困于壕沟,忍耐意志倦怠所致。预测的思虑——就实际现存情况而言——要找寻重大抉择发生的真正战场。若要分辨它们,便会刺激我走向战场,因为我觉得那里才是真正属于我的地方,在那里我才能运用我的意志。

一项积极的计划会使我能够答复下列问题:"你愿意生活在怎样的一种当下?"只要预测有可能揭示毁灭,答案就可能是:我宁愿与那构成人的自性(Selbstsein)成分一起毁灭。

对于可能发展趋势的描绘,为下列的问题提供了答案:"现在正开始的世界会是怎样的一个世界?"人生的每一层面相互连接成稳定的组织,这种情况正急速增加。人类变成一个庞大体制中的功能,这种情形迫使普遍的素质降低;对于高水平的人或杰出的个人,这种社会体制便没有什么用,它所需要的只是具有特殊才干的一般人。除了相关的人,没有其他的人能继续下去。生活秩序的强制力迫使人们加入不同的团体组织,并以每一种可能的方式来干预个人行动的自由。想要设立一个可以保护生活秩序权威的热烈愿望,有促使内在空虚的倾向。这种变动是针对要促成一种稳定而确定的情况而发的。但是这种世间秩序的理想,对于那些认为他们的自我必须建立在自由的权利之上的人来说,是无法忍受的。似乎这种自由很容易因情况转变或负担逐渐加重而受压制,通过各方公认为自明的确定观点,舆论变得独裁而专制。

因此,我们这个时代的根本问题是:一个独立的个人在他自我实现的命运中是否仍为可能。的确,人是否能是自由的,这已经成了普遍的问题,而这个问题在清楚陈述出来并为人理解之后,往往会消失无踪;因为只有那有能力获得自由的人,才会真诚而具有礼节地提出自由的问题来讨论。

另外,当人的自由因此被视作一种现存生命形式时,以及当人们提出的唯一问题就是"自由在何种情况下得以实现?"此种思想成为具体时,便可以看出,整个人类史不过是为求得自由所作的一种无用的努力。或许自由曾在两段无限绵延的沉睡阶段之间存在过真实但短暂的片刻:第一个阶段是自然生活期间,第二个阶段是技术生活时期。果真如此，人的存在必然灭绝，必然以一种比以往更彻底的方式走向毁灭。自由将只不过是一个过渡阶段，是"超越才是真正人的存在"的片刻自觉，但只能在以这种方式来达到的技术体制的成长中获得它的结果。

然而，与此相反，思想会具体实现一种二择一的可能性，一种不可让渡的可能性，亦即："人是否能在未来得到并决心得到自由？"此种抉择完全操之于他自己手中。的确，大多数人对于自我的自由感到忧惧。但是庞大的体制相互之间仍可能有许多漏洞，对那些勇者，也可能以某种令人料想不到的方式，从他们自己的根源了解自身的历史命运。伴随客观生活水平似乎无法避免地降低，自我的原创力到最后或许会变得愈来愈重要。那凡事亲手处理并享有真正存有的独立个人，很可能会将自己从毁灭的边缘抽身，并重新站立起来。

构思一个完全没有信仰、人在其中已经沦落为机器，并且丧失自我和上帝的世界，一个人性的高贵气质在其中早已难得一见，而且到最后荡然无存的世界，对我们来说，只有在形式上是可能的，而且也是短暂的。正如同一个人若想到他必定会死、必定会变成他从来不曾有过的样子，便会与他内在深刻的尊严相冲突。因此，同样的，他也根本无法接受他的自由、他的信仰、他的自我等都将不再存在的想法；对于他将沦为一台大机器中的一个小齿轮，他更是想都不敢想。人绝非在这种角度下所透视到的那个样子。

然而，当我们从这些比较遥远的预测回到政治的种种可能时，我们看得出，除了唯一一种使人能对自己保持真诚的可能性外，还有其他的可能性。撇开在教会环境中具体呈现出来的宗教不谈，在世界上没有一个哲学的自性、没有一种真正的宗教会不认为,除了那种专唱反调和像马刺一样的真正自性之外,还有其他可能性。这一切是无法在那一个作为个体的人身上找到的。在现代人的计划中,这些反对者自身应该团结起来,以免堕入可能的虚无之中;他们处在权威与自由之间的紧张关系下,使他们永远无法圆满实现自己的精神生活。如果权威与自由之间的紧张关系以新的形式得以恢复,作为时间中存有的人处于这种状态中,实质的价值就会在生存的机制中成长。

"未来究竟会如何?"这个问题永远无法获得确定而令人信服的答案。人,每一个活着的人,都会在他自身活动的过程中通过自己的存有来答复这个问题。对未来的预测(正待完成的"积极计划",一种将成为未来决定因素的预测),只能把目标放在让人都意识到自我。

解　说

　　《时代的精神处境》是德国存在哲学家雅斯贝尔斯早期的一本值得人们重新审视的作品。雅斯贝尔斯从精神医学的临床医师与研究者转任心理学教授，最后再转任哲学教授，本书是他学术研究兴趣转向存在哲学的转折点，在他学术生涯的转型上具有关键性的价值与意义。他对早年精神医学界以实证科学态度研究精神疾病的方法感到不满，认为实证方法建立在笛卡儿心物二元论哲学观点上，阻碍了建立全人的统整性精神病理学的企图。值得注意的是，本书成书于20世纪30年代初，正是德国在第一次世界大战中战败之后，它遭遇了世界经济大萧条、纳粹在德国崛起、德国上下处于焦躁不安的年代。它可视为雅斯贝尔斯从精神医学与哲学双重视角对当时德国社会集体的精神状况所作的深入观察、省思与病理诊断，具有社会心理学或群众心理学的意义。该书解释了存在哲学的意义，并对其内容与发展方向勾勒出轮廓。

　　雅斯贝尔斯生于德国北方的奥尔登堡（Oldenburg）。母亲来自农家，父亲是律师，曾担任地方高级警官以及银行经理。他自幼对哲学发生兴趣，因家学渊源，1901年入海德堡大学学习法律。但不久即因志趣不合，于1902年转入医学院，1908年从海德堡大学医学院毕业，服务于海德堡精神科医院，追随知名的精神科医师尼斯尔（Franz Nissl）教授从事临床的医疗与研究。当时精神医学处于萌芽阶段,从理论到临床医治都还未臻成熟。雅斯贝尔斯对当时医界的精神疾病研究方法尤其感到不满,便立志改善精神疾病的研究方法。[1]

1913年,雅斯贝尔斯在精神科诊所工作了数年之后,出版了他的成名著作《普通心理病理学》(*Allgemeine Psychopathologie*)。这本书是雅斯贝尔斯在学术上初露锋芒之作,也是他在精神医学上的主要贡献。这本书让他获得在大学任教的资格,他随即接受了海德堡大学哲学院心理学的教职。虽然教授心理学,但他的心思并没有停留在心理学,而1913—1921年这8年时光是他从精神医学转往心理学,并再跨越到哲学领域的过渡时期。

《普通心理病理学》一书为精神疾病分析奠定了周延的系统方法论基础。雅斯贝尔斯追随现象学大师胡塞尔,将胡塞尔的现象学描述方法应用到精神疾病的病理分析上,在临床诊断上让精神病患充分描述自己的幻觉或妄想的经验,创立了他自己的精神病理学临床研究方法。他又承袭了狄尔泰(Wilhelm Dilthey)描述与分析的心理学,以及诠释学的理解方法,将之用于精神病患的临床治疗上。对精神病学的研究引发了他对心理学浓厚的兴趣。《普通心理病理学》一书首先提出精神疾病的征兆,这是精神病学作为临床科学最前沿的问题。当时,精神病学是由偏好自然科学模式的学院神经科学家所主导的,他们认为精神疾病就是大脑病症,纯粹是生理方面的病症。虽然雅斯贝尔斯接纳自然科学界普遍的乐观主义看法,却对当时医界进行精神疾病研究的方法感到不满。他认为,神经生物学与心理学上的化约主义(reductionism)是建立在笛卡儿的心物二元论的哲学基础上的,这种二元论是现代实证科学的根源,阻碍了任何想建立全人的统整性精神病理学的企图。为了超越笛卡儿的二元论,雅斯贝尔斯矢志将精神病理学建构成为一套统整性的科学(a comprehensive science)。[2]

若干学者认为,雅斯贝尔斯对于精神医学最重要的贡献是:基于多元论模式来定义科学方法的努力。《普通心理病理学》一书对于理解精神疾病,尤其在早期阶段,有其特定的影响力。雅斯贝尔斯认为,精神科医师不应把人当作对象来看待,因为人是一个具有无限性的整体,无人能完全掌握与理解。这时他不仅进入心理学领域,而且大胆地跨入了哲学的地盘。由于这本书的出版,他获得了海德堡大学心理学的教职。虽然雅斯贝尔斯担任精神科医师的时间只有7年(1908—1915年),他终其一生都在关注精神医学最新的发展,继续阅读这方面的著作,并且周期性地回访精神病院更新临床医疗议题的知识。《普通心理病理学》一书先后再版了7次,最初是薄薄的一本书,每次再版都经过他的修订与增补,因此到该书英译本的第七版出版时,已经达到992页。[3]

1919年,雅斯贝尔斯出版了《世界观的心理学》(*Psychologie der Weltanschauungen*)。该书虽非哲学著作,但旨在给心理学对人的理解划分界限。尽管如此,该书还是触及了哲学的边缘,它预示了后来雅斯贝尔斯主要著作中完整发展的根本主题。他自己在书中提到:"这本书的用意并非哲学,因为哲学在其最高的境界乃是预言性的哲学;心理学则在看待哲学的各种观点时,理解它们的可能性;哲学本身提供了一套世界观。"[4]

1913年,雅斯贝尔斯获得海德堡大学哲学院的教职,次年获得心理学教授的职位,后来转任为终身职的哲学教授,从此以后再未返回精神医学的医疗临床工作。身为德国精神科医师、存在哲学家,雅斯贝尔斯对当代神学、精神医学与哲学影响颇大。他接受哲学院心理学教职后,开始自行研习哲学,密集地阅读哲学经典,并尝试作哲学体系的创新。雅斯贝尔斯被公认是德国存在主义的主要创始者,但他不赞同自己被冠上"存在主义者"(existentialist)这个称号,而宁愿称他自己的哲学为存在哲学(Existenzphilosophie),因为"存在主义"一词,在二战后经过法国哲学家萨特的鼓吹和推广,蔚为西方社会一股流行的风潮。对雅斯贝尔斯而言,为了追求时髦与流行而使用这个名词,无异于存在精神的堕落。[5]

1921 年,雅斯贝尔斯 38 岁,从心理学转任哲学教职,开始努力自行研读哲学经典,以巨人的步伐吸收消化所阅读过的哲学,并同时进行著述。1931 年,他出版其巨作《哲学》(*Die Philosophie*)三册,深受学界肯定,奠定了他在哲学界的地位。不过,1933 年纳粹在德国掌权,因其妻葛尔图露德是犹太人,雅斯贝尔斯受到排挤,被迫于 1937 年辞去海德堡大学教职,翌年纳粹对其下达出版禁令。但此时他仍得到一些好友默默的支持,继续维持阅读与写作,并未完全被孤立。1945 年 3 月 30 日,就在纳粹预定将他们夫妇遣送到死亡集中营的前夕,盟军解放了海德堡,夫妻幸免于难。1948 年雅斯贝尔斯受聘于瑞士巴赛尔大学(University of Basel),担任哲学终身教授,直到 1969 年去世。

雅斯贝尔斯《时代的精神处境》(*Die geistige Situation der Zeit*)一书于 1930 年即已完成,但却等到他的巨作《哲学》三册书在1931年出版后数周才上市。这本书是他从精神医学跨到心理学,再转往哲学领域发展过渡时期的成果。当时德国正处于第一次世界大战战败的创伤之中,又经历了1929年爆发的世界性的经济大萧条,整个社会沉浸在纳粹即将崛起的集体焦虑不安的氛围。本书可视为雅斯贝尔斯从精神医学与哲学双重视角对当时德国社会集体的精神状况所作的病理诊断,具有社会心理学或群众心理学的意义。

雅斯贝尔斯在1951年该书英文译本新版序言中说:[6]

> 本书于1930年写成,当时我对纳粹党一无所知。当纳粹于1930年9月大选初次获胜时,我感到讶异与震惊。本书书稿搁置了一年,因为衷心不愿在心血之作《哲学》三册问世前出版,后者在1931年上市。……为了照亮那个时代,我运用了属于那些特殊年代里的事实,在许多方面该书拥有时代的氛围。可是经过考虑,对我来说,本书在今日与在过往同样是真实的,尽管从它首度问世至今,一切情况都不一样了。

《时代的精神处境》运用现象学方法,针对1920—1930年经济大萧条的年代以及魏玛共和时代的德国社会,作时代精神处境的观察、诊断、反思与描述。本书的成书其实透露了作者从精神医学心理学到存在哲学的跨界企图,以及不断精进厚实的学术背景。

该书尽管是一本篇幅不大的小书,内容却丰富驳杂,且难以归纳。全书除绪论外,共分五章,分别是:生活秩序的限制、整体中的意志、精神的颓废及其可能性、现代人对人之存在的理解,以及人的可能性。本书的主轴很明显是要对人与人的处境进行探索与

理解,人这个概念可以从多种面向、多种角度与视域、多种学科来进行探讨。他在书中说:[7]

> 人不仅存在,而且知道他自己存在。他在完全的自觉中研究并改造世界,使之符合自己的目标。他已经学会如何干预"自然的因果关系",只要这种关系是不变的类似事物之无意识重复。他不仅像现存物一样可认知,而且他自身自由决定什么应该存在。人就是精神,而人之为人的处境,就是他的精神处境。("... der Mensch ist Geist, die Situation des eigentlichen Menschen seiner geistige Situation.")

除了会有身体、生理上的疾病外,人因为是精神体,还会有心理上的精神疾病。雅斯贝尔斯之所以说"人就是精神",是因为比较起人的身体与生理,人会思考、会认知,这些都属于精神的表现,精神更能显示出人之所以为人的独特特征。因此,要探讨人之所以为人的处境,就是要探讨人的精神处境。每一世代都想根据自身的启示来理解人类的处境。他以为,早先只有少数人忧心人类的精神处境,随着时代精神处境面临着严重的危机,只有进一步反思才能找出时代未来的方向。19世纪时的克尔凯郭尔与尼采是时代意识的先行者,不过他们作为独立的思考者却充满着不安的预感。主要是因为当时的时代意识与存有脱节,人关心的唯有自己,这种看法使人们受到虚无主义的影响。他们察知结束就是毁灭,自我的存在走向虚无,时代意识在虚无中栽了跟头。一方面,我们看到沉沦与毁灭的可能;另一方面,又看到真正人生即将开始的可能,但在这两种相冲突的选项之间,未来的展望却混沌未明。[8]

雅斯贝尔斯对于处境做了这样的定义:"严格意义下,只有个人能置身于某一处境中。广义而言,可以谈及群体、国家、人类的处境,也可以谈及像教会、大学、剧院等机构的处境,以及科学、哲学、文学、艺术的处境。"所以他在第二章分别探讨了国家与教育的处境,当个人的意愿支持国家、大学或教会等机构的原则时,他的意愿与他所支持的原则都在某种处境中。而第三章则探讨了当时社会文化的处境,可以说是以一位精神科医师的眼光来对当时社会文化的精神状况作病理的诊断,分别谈论了精神创造力在艺术、科学与哲学上的表现,并指出精神颓废的可能性。

当吾人研究目前的精神处境时,"必须考虑真实的存有、知识的可能清晰性,以及信仰的潜能。"[9]雅斯贝尔斯接着对他当下的处境进行了现象学的描述,他说:

> 一般的社会处境并不是我们的命运、存有的决定性因素;相反的,那决定我们命运的,却是那些要毁灭我们的威胁。……那种认为我们能够认识历史或此刻的全盘真相的想法是错误的。所谓全盘真相是否真正存在是可疑的。……当我着手找寻真理时,我面对着一种悖论,那就是:想去理解全盘真相的原始冲动,会因整体不可避免走向破碎化的趋势而注定遭遇挫败。……然而,以这样过于绝对的方式来理解这些悖论,是一种错误。……如果我们可以从人们怎样看待人自身存在意识的方式找寻到时代的特征,那么我们的指证便是我们了解人存有的哲学转化成"存在哲学"(Existenzphilosophie)的关键。[10]

雅斯贝尔斯在第一章中谈论现代人生活秩序的限制，借着科技的进步，群众因机器的合理化生产而获得生活需求的满足，这似乎假设整个社会能由理性化约为完美的秩序。这种生活秩序自身能否变成一个"整体"，或者它只不过是整体的一部分？生活秩序的未知领域向我们揭露，国家、精神及人性本身都是人类活动的起源，却不是进入任何生活秩序的起源，可是要使这种秩序成为可能，它们却是不可缺少的。

雅斯贝尔斯在此讨论了群众心理学中的一些议题，他认为工业社会的技术与工具是群众生活的决定要素。广大的群众都得依赖庞大的连锁企业而生存，每个工人在其中，就好像一台大机器中的小螺丝钉一样。"群众"（Masse）一词具有多种意义，它指在一个特殊处境中无显著差异的一群人，因处于同样情绪压力下而融为一体，这样的群体其存在是短暂的。"群众"一词可等同于"公众"（Publikum），指在精神上共同接受某种信念结合在一起，不过在界限和社会阶层上却是模糊不清的一群人；虽然如此，它有时却是一个典型的历史产物。然而，群众，就其为一群人的聚集，构成世界不断运转有效的力量，这种力量在"公众"或"乌合之众"（Mob）中显现出来，只不过在很短暂的时间呈现。[11]

群众是一群短暂聚合的乌合之众，其特征曾被法国社会心理学家古斯塔夫·勒庞形容为易于冲动、易受暗示、不能容忍，以及捉摸不定等性质。而雅斯贝尔斯指出，"公众"是一种幻象，被误认为存在于一群为数众多而彼此之间无实际关系的人群之中，其意见形成了所谓舆论。然而舆论却是一种虚构，被个人与团体利用来支持其特殊观点。它很难感知，易误导人，短暂而变化无常；它是一种能暂时赋予群众提升或毁灭力量的空无。[12]

第二章谈论整体中的意志，人类寻求整体的生活秩序，一方面他无法避免生活秩序，另一方面这种生活秩序在追求自主抉择的个人身上遭遇到限制。个人之所以要反抗整体的生活秩序是因为他不甘于只是接受现状，让他人来决定自己的命运。个人所作的抉择，在他内心中，就其自身存有来说，是他个人存有不可侵犯的权威。尽管如此，只有通过整体的力量，现实世界才可能存在，而且只有在整体中，人类才可能获得在环境组织中意志的统一，以及在世上的自我保存。人真正变成什么就基于这种与国家在政治上合为一体的力量，它决定生命在整体中历史性的具体实现。就人类存在的历史传统来看，这种力量就是教育。[13]

由于个人的抉择离不开整体，人类的前途便要基于政治与教育的活动。要想干预未来事情的进程，就必须依赖从政者意志力的坚持与勇气；而教育者通过意志力的坚持，通过传统文化最深刻内涵的运用，影响人的行为并发挥出自身最大的潜力。总之，整体仍有其自身的限制，而人无论在哪里，若要努力找寻世上的最高权威，都将会面对某种超越国家与教育之上的关键性的源头。[14]

雅斯贝尔斯指出，教育跟政治的情况是一样的。"教育要基于一种精神世界的生命。教育不能源自于它本身，而是为了生命的传递而服务，此种传递直接在人的行动中表现出自身；它对提供人生基本需要的制度，以及对国家，都采取一种慎重的态度；并且它通过利用心理层面所创造出来的东西而屹立不摇。精神在我们这个时代的命运，必须决定这种教育的价值是依然可能的。"[15]

第三章谈论精神的颓废及其可能性,由于整体生命是超越个体生命之上的,人无法以实现整体生命来达到圆满,他为自己塑造了精神的世界,在这一领域中,他以自身存有的普遍形式来肯定自己。人作为一种精神存有,无法脱离现实生活,却可借由精神的提升来超越现实。他可以暂时摆脱现实的羁绊,通过精神的透视与创造,找寻到通往存有源头的途径。通过回归根源,人反倒先塑造并发现精神的世界。人借着认知自身的存有,超越原本被赋予的生命。那提供生活基本必需的社会,由于自身具有的理念意义,变成一种精神创造的历程,而个人通过自身所受的教育,使这种精神创造达到圆满。精神为自身在艺术、科学与哲学的领域中分别创造了一套语言。[16]

精神的命运,一方面要依赖生活现实,另一方面要发挥创造力。无论只依赖现实,还是幻想脱离现实,都无法掌握命运。纵使生活现实有理想支持,这个理想却可能会消失,而原本人的精神只会像残渣、配件、面具或兴奋剂般存在。在重视群众秩序、技术、经济的时代中,使这种必要体制绝对化的企图对个人的自我、精神的根基是一种危险,且很可能会被摧毁。当人的精神不再靠自身源头真诚地发挥作用,而是屈服于群众的短暂目标而扭曲时,精神和国家都会瘫痪。[17]

自然科学在今日已获得且仍不断获得其非凡的成就,可是它缺乏一种全盘性的眼光。抽象的科学欠缺人文主义教养的情操,虽然获致有价值的证明,却都是排他主义的。由于科学知识的浩瀚,科学方法的精进与增多,科学的新进者需要的入行基本知识也随之增加。自从人开始认真思考以来,知识的范围已经超过任何博学者的掌握。科学的危机不在其内部,而是在科学领域中的人。大学的环境往往会毁了科学的研究,因为大众关心的是直接实用的成果,学生只关心通过考试,获取成功给予他们的地位。除非获得有利的成果,否则研究很难推动。[18]

在精神活动的领域里有许多辉煌的成就,表现卓越而且惊人。只是这些成就缺乏内涵与精髓,因缺乏内涵,艺术从原本超越的象征变成纯粹的娱乐,科学从求知意愿的满足变成对技术实用的关怀,哲学不再怀疑并防范偏激思想的危险,而成了一种空洞的理论。[19]

雅斯贝尔斯还批判了19世纪以来哲学的发展,指称哲学变得愈来愈像一种纯教学与历史研究的行业,也逐渐丧失它真正的功能。从19世纪中期开始,传统哲学在各地大学哲学系成了薪火相传的事业,但是它们并不能容纳有创见的哲学家或有独立思考能力的知识分子。哲学和它的起源分离开来,并且不再对实际生活负有任何责任。哲学想要为自己寻找成立的理由,并与科学抗衡(事实上,它承认科学比它优越),它甚至宣称自己也是纯正的科学,并且相信在知识论名下,可以建立与科学一样的有效性和意义。学院里的哲学事实上等于哲学史的知识,这种知识只是对片段的学说、问题、意见以及系统的一种强迫性思考。哲学的外在是学来的,内在是合乎理性推理的,却与个人生活没有任何关系。[20]

第四章讨论现代人对人之存在的理解,分别批判了三种研究人的科学:社会学、心理学以及人类学。社会学是从社会群体的角度来研究人,我们可借着研究社会来了解人的本性。马克思主义的社会学分析,达成了特殊而相关的认知,可同时也是一种人的存在模式之精神斗争的表现。它们共同主张：存有是绝对的。可是在这种大家熟知的知识中，个人本身遭到遗忘。韦伯的社会学不再是研究人之存在的哲学，它是研究有关人的行为及其影响的特殊科学。[21]

心理学研究在19世纪只是一门在胚胎期的科学。弗洛伊德创立的心理分析方法成为心理学的普遍特征，并吸引人们注意。它的缺点是：这些事实完全无法让人察觉，且未受过科学训练的人无法理解其意义。他主张，人外显的意识生活受到潜意识的决定，潜意识中基本驱动力被称为力比多（libido），其中最重要的是性冲动，其他包括权力意志、自我肯定的冲动、死亡冲动。雅斯贝尔斯批评心理分析的各家学说，认为它们从未为了清楚叙述一个问题、进入有效研究领域而统一，而且心理分析认为性冲动等人生较低层次的活动具有绝对的真实性，这根本无法真正掌握人的存在。[22]

从19世纪以来，人类学研究只是为了解典型的人在体格、种族、性格、文明的精神等方面的独特生命力而使用的一种方法。生理人类学研究各地区人种的身体、身体结构与功能，对身体作精准的衡量，还对相貌、表情进行研究。雅斯贝尔斯批评人类学使用直观与精神凝视（geistiges Sehen）的方法，但却把经由这种凝视所掌握的东西贬抑为一种自然的存有物。他批评说，人类学家暗中预设能够全盘掌握、理解人，但是他们掌握的只和人外在的、片面的知识有关。[23]

雅斯贝尔斯肯定上述学科的贡献：没有社会学，任何健全的政治努力都不可能；没有心理学，无人能有效解决心中郁结以及人际关系上的困扰；没有人类学，我们对自身深奥的基础便会欠缺了解。但上述学科有其本身计划与行动能力范围的限制：社会学无法解答个人的命运会如何的问题，心理学亦无法解答我究竟是怎样的人的问题，人类学亦无法把个人当作种族来培养。[24]

哲学当前的任务，就是去研究人们对于人之存在的看法。顺应各家的哲学，已不再是获得真理的途径。人的视线和认知，今日已经扩大到一切可能的事物上，甚至到达毫无限制的地步。在这种情况下，一方面是虚无，另一方面是一个人自身基础的绝对历史命运，在此二者之间，人必须作一不可转换的抉择。人之存在问题的解答，应该引导我们走出那一成不变的二选一哲学，走出那看似客观的独断作风。人总是要超过他对自身的了解。他并不是原本什么样子就一直是那样，不再改变；他只不过是一种历程；他不只是一个现存的生命，而是在这个生命中通过他拥有的自由，借着抉择的行动，可以依照自己的意愿来塑造他自己。[25]

那些在特殊潮流中对于人之存在有待掌握的认知，提出一套声称拥有绝对真确性的主张，并且自认能够认知人的整个存有时，就一定会被当作完全不合时宜的哲学替代品，被人扬弃。雅斯贝尔斯声称，只有所谓的"存在哲学"对人之存在的思考方式推动一种革命性的变革，才可能兴起一种真确的哲学。[26]

第五章谈人的可能性，分别就无名力量、在当前的处境中保存自我、沉思的预测与积极的计划三方面来论述。首先是无名力量（anonyme Mächte），指的是去找寻一个未知的新领域，并想确认那未知领域是什么。只有超越未知的领域，并将它加以对照比较，人才能去面对那并非暂时不可知，而是根本无法理解且无以名之的领域。这"无名者"（das Anonyme）不仅是人真正的存有，而且是真正的非有(Nichtsein);前者在分散后很容易消失,后者却似乎要求占有整个生命领域。无名力量的问题,就是人之存在本身的一个问题。[27]

其次,谈在当前的处境中要如何保存自我。从历史一开始人就受到大自然毁灭威力的威胁,现在人的生存受到他自身塑造世界的威胁。虽然现在处于一个跟其最初不明起源完全不同的阶段,但他的整个存有再度岌岌可危。人想要实现真正的自我,他需要有积极奋斗的人生观,一旦他开始消沉,一旦他的理想枯竭,而他又无法自动自发地找寻世上生活有积极意义的价值,他就无法实现他真正的自我。[28]

本书最后从沉思的预测与积极的规划来展望人的未来。与世界的亿万年历史相比,人类6 000年的历史传统在地球演化的过程中,似乎只不过是一个新阶段的最初几秒钟而已。人类或许注定要从地表消失,而世界的历史或许会在人类不存在的情况下继续下去,并不终止。抱着较悲观的看法,人类会自忖文明末日的问题,人类完全有可能会被自己制造出来满足自己需要的工具所毁灭。对于人究竟是什么,并没有标准的答案,人之所以为人,并非只是经由生养教的过程而成,而是通过以每一自我存有为基础的个人自由而来的。对于"未来究竟会如何?"这个问题,永远无法获得确定而令人信服的答案。人,每一个活着的人,都会在他自身活动的过程中通过自己的存有来答复这个问题。对未来的预测只能把目标放在让每个人都意识到自我。[29]

雅斯贝尔斯从精神医学、心理学转到哲学的学思历程,让他对科学与哲学的关系特别重视。他在其《哲学自传》(*Philosophische Autobiographie*)一书中自述:[30]

> 我的哲学事业有两项预设:科学知识是一切哲学探究不可少的元素,今日没有科学就没有真相。科学知识的精准是完全独立于哲学真理外的,可是它又跟哲学真理相关,对后者是不可或缺的。但是科学无法理解它自身为何存在。科学无法揭示人生的意义,也无法提供指引。只要科学清楚地意识到自身的方法,它就知晓自身的界限。

雅斯贝尔斯在青年时期攻读医学,专攻精神医学、精神病理学,后任教心理学,这些都属于经验的实证科学范畴,与他后来转入作为终身职志的哲学,在本质上有根本的不同。对于科学与哲学的区别,他曾有这样的比较:

> 科学产出普遍为真的知识,哲学却无法产出普遍有效的结果,在哲学中没有普遍公认确定的知识。凡是大家公认具有确切理由的洞见,事实上都已变成科学知识,而不再是哲学。科学的特征是不断进步发展,哲学却不然。我们在医学上的进步远远超越了希波克拉底,但是在哲学上却很难说超越了柏拉图。哲学与科学的不同在于,哲学必须摆脱全体一致的公认。科学总是有关特殊对象,其知识对所有人类来说并不是不可缺少的,哲学却研究整体存有,关心人之所以为人,它所追求的真理比科学知识更深深地打动我们。系统哲

学与科学密切相关，它总是考虑其时代最新的科学发现；可是哲学基本上来自于不同的根源，无论人类在何处获取知识，它在任何科学之前发生。[31]

科学家若是想要进一步改进并突破科学自身限制的现状，想要真正掌握人之所以为人，就必须进入哲学的反省，或借助他提出的存在哲学与存在照明的方法。雅斯贝尔斯指出，科技的进步和物质生活的改善，导致当代人丧失信仰（Glaubenslosigkeit），并伴随着万千群众精神生活的枯竭。宗教虽有教会的组织，但面对时代挑战，已经丧失创造力。今日哲学对那些没有投靠宗教却充满自觉的人成为唯一的依靠。哲学不再是一小撮人的特权与专利；任何人只要能深切反省如何可以生活得圆满，哲学就成为他切身之事。各个学派的哲学，只要能使人过哲学的生活，就有其存在的理由。可惜今日学院的哲学却是不完整的、散漫的、分崩离析的，使人发生分歧的。[32]

自从尼采宣告"上帝已死"，现代人也丧失了价值意识，既然什么都不是，人遭遇到严重挫败。现代人若遵循他生活世界的传统，并不会怡然自得，因为若他完全屈服于这个传统，就会丧失自我。若要成为一个独特的个人，他必须靠自己，因为他无法借认识上帝而获得自由。当超越者隐藏自身时，人唯有靠自己努力去达到超越者。人成为最重要的，但就存有而言，人无法与他自己妥协，唯有努力去超越自己。[33]

前面提及社会学、心理学以及人类学三种研究人的科学，都尝试从各自学科的角度去观察并掌握人的存在，但是得到的结果都是片面的与不完整的知识。既然科学无法帮助我们掌握人的存在,如果人要自助,哲学的当前任务就是去研究人们对于人之存在(Menschsein)的看法。人之存在的问题绝非简单明了,对此问题的解答,应跳脱那一成不变的二择一哲学,摆脱科学那种看似客观的独断作风。[34]

人总是超过他对自身的了解。他并非原本什么样子就一成不变,他只不过是个历程;他不只是现存的生命,而是在这个生命中透过他拥有的自由,借着抉择的行动,可以依其意愿来塑造自己。在人的内心深处,有一道鸿沟将人分为两半。无论他有什么正面的想法,心中都会产生反面的想法。在他心中每件事都会有冲突与矛盾产生。人的存在不可能没有这种人格上的分裂,但他并不满意这种分裂的状态。人可以使他自己成为认知的对象。他会把日常经验中认定他生命及生命基础的东西,当成他真正的存有。[35]

既然科学无法帮助人掌握人的存在,无法帮助人了解他自己,那就必须从存在哲学中去找寻答案。为了了解雅斯贝尔斯何以要建构他自己的存在哲学,我们必须引介他独创的"统摄"(das Umgreifende)以及"主客分裂"(Subjekt-Objekt-Spaltung)这两个哲学概念,来作进一步的说明。除了人的存在与自我的概念外,哲学最根本的概念是"存有",而哲学也是从"有什么?"这个问题开始。究竟什么是真正的存有,那将万物结合在一块儿,作为万物基础的存有,那从它生出存在万物的存有,究竟是什么?哲学史上每个哲学家对这个问题提供了各种不同的答案,可是到底哪一种主张才是正确的?千年来无法证明任何一位的主张为真。每一种观点都显示了部分真理,教人们看出世上某物的探究态度与方法。可是当它宣称自己独占真理并设法解释一切存在物时,就成了谬误。为何如此呢?所有这些观点都有一项共同点:当哲学家们把存有当作某种东西,把它(存有)当作与我对立的对象(Gegenstand)时,它就成了一个与我对立的客体(Objekt),当我思考它时就与我发生了分裂。[36]

由于一方面我是思考存有的主体,我这个思考主体同时也是存有者或存有的一部分,可是存有又被我当作对象去思考,它成了与主体我对立的客体,这样的状况就称为"主客分裂"。前面提到的三种人的科学,社会学、心理学以及人类学,都是想把人的存在当作对象来研究,可是忘了研究者本身也是人。研究者一人兼两种角色,他既是研究的主体,也是被研究的对象,所以无论如何努力都无法逃避这种主体与客体同时存在于一身,又同时产生对立分裂的状态。为了克服这样的主客分裂情况,雅斯贝尔斯引进了他的"统摄"概念。作为整体的存有既非主体,亦非客体,而必须是显示在这种分裂之中的统摄。对雅斯贝尔斯而言,统摄可以是存有自身,可以是意识自身,可以是整个世界,可以是超越者/界(die Transzendenz),甚至是人的存在(Existenz)。总之,它是不能作为认知或研究对象的整体的。

统摄与其说是一种概念,倒不如说它是一种超越主客对立的崭新思考方式,正如雅斯贝尔斯所言:

> 从我们习惯上要透过事物来理解的标准看来,它(统摄)显得不自然。我们习惯以实际的理解方式抗拒这样的思考。

这种我们借以将我们自身提升到一切思维物之上的基本运作或许并不困难,不过它看起来很奇怪,因为它并不带给我们对新掌握对象的知识,却借着这个观念的帮助鼓励转化我们的存有意识。因为它并未显示给我们新对象,以我们习惯的世俗知识来衡量,它是空洞的概念。可是在形式上它向我们开启了无限的可能性,存有在其中将它自身显示给我们,而同时使所有存在物洞若观火。借着唤醒我们那一种感知现象中真正东西的能力,它转化了对象世界的意义。[37]

雅斯贝尔斯利用统摄的概念,为他要掌握人的真实存在,走出一条精神医学与心理学之外的新路。这条崭新的道路就是他依赖并运用统摄的思考方式所建构出来的存在哲学。下面是他对存在哲学所作的定义:

> 存在哲学是人可凭借寻回自我的思考方式;它运用专门知识,同时又超越了专门知识。这种思考并不认知对象,却照亮并实现了思想者的存有。由于超越了世界的知识,而被带进一种飘浮的状态(作为哲学的世界定向),这种思考诉诸它自身的自由(作为存在的照明),并透过对超越界的召唤,为自身不受约束的行动争取空间(作为形上学)。[38]

前面提及雅斯贝尔斯的《时代的精神处境》一书先于其《哲学》三册书完成,却等到1931年后者出版后数周才问市,但在上段引文中已经提到《哲学》三册书的主题,分别是哲学的世界定向、存在的照明以及形上学。可以说,对当时社会所作的精神病理状况的诊断已经预告了要彻底理解并掌握人,有待于其存在哲学体系的完成。

不过雅斯贝尔斯提出警告,如果存在哲学再度隐含"我们知道人是什么"的信念,它就会立即消失。它会再度沦为研究人的典型和动物生命的典型,会再度变成人类学、心理学、社会学。要避免对象性思考,不受目标的限制,它才可能具有意义。它唤醒本身不知道的事;它阐明并给予刺激,却不固守成是。凡走对正途者,得归功于这样的表现,如此才能把握正确的方向;存在哲学是一种可以凭靠的工具,凭借着它,人能终其一生护卫自我实现庄严的时刻。[39]

真正的存在哲学乃是人在这样的哲学中,可以重新寻求实现真正自我的那种极具魅力的追寻。因此,显然只有在人们面对挫败与自我挣扎时,才会发现自我的存在。只要人保持真诚,无论遇到怎样的困难与逆境,只要他仍旧以真实的态度面对自己,存在哲学就能有效促使人成为真正的人。

注释

[1] Saner, H. "Karl Jaspers" in Encyclopaedia Britannica [G], retrieved on 2020/5/1 from the website: https://www.britannica.com/biography/Karl-Jaspers.

[2] Saner, H. "Karl Jaspers" in Encyclopaedia Britannica [G], retrieved on 2020/5/1 from the website: https://www.britannica.com/biography/Karl-Jaspers.

[3] Jablensky, A. "Karl Jaspers: Psychiatrist, Philosopher, Humanist", in *Schizophrenia Bulletin* [J], Vol.39, No.2, 2013, p. 239-241.

[4] Saner, H. "Karl Jaspers" in Encyclopaedia Britannica [G], retrieved on

2020/5/1 from the website: https://www.britannica.com/biography/Karl-Jaspers

[5] 黄藿,雅斯培[M],台北,东大图书公司,1992,第6页。

[6] Jasper, K. *Man in the Modern Age* [M], New York: Doubleday & Co., 1957, p.v..

[7] Jasper, K. *Die geistige Situation der Zeit* [M], Berlin: Walter de Gruyter & Co., 1965, p.7.

[8] *Ibid.*, p.16.

[9] *Ibid.*, p.20.

[10] *Ibid.*, p.21-25.

[11] *Ibid.*, p.33.

[12] *Ibid.*, p.34.

[13] *Ibid.*, p.81.

[14] *Ibid.*, p.82.

[15] *Ibid.*, p.111.

[16] *Ibid.*, p.113.

[17] *Ibid.*, p.113.

[18] *Ibid.*, p.117-120.

[19] *Ibid.*, p.126.

[20] *Ibid.*, p.139-141.

[21] *Ibid.*, p.152.

[22] *Ibid.*, p.155.

[23] *Ibid.*, p.157.

[24] *Ibid.*, p.158.

[25] *Ibid.*, p.146-147.

[26] *Ibid.*, p.150.

[27] *Ibid.*, p.165.

[28] *Ibid.*, p.179.

[29] *Ibid.*, p.201-211.

[30] Jaspers, K. *Philosophische Autobiographie, erweiterte Neuausgabe*, München: R. Piper & co. Verlag, 1977, p.44.

[31] Jaspers, K. *Einführung in die Philosophie — Zwölf Radiovorträge*, München: R. Piper & Co. Verlag, 1953, p.2.

[32] Jasper, K. *Die geistige Situation der Zeit* [M], Berlin: Walter de Gruyter & Co., 1965, p.125.

[33] *Ibid.*, p.125.

[34] *Ibid.*, p.127-128.

[35] *Ibid.*, p.147-148.

[36] Jaspers, K. *Einführung in die Philosophie — Zwölf Radiovorträge*, München: R. Piper & Co. Verlag, 1953, p.25.

[37] *Ibid.*, p.26.

[38] Jasper, K. *Die geistige Situation der Zeit* [M], Berlin: Walter de Gruyter & Co., 1965, p.38.

[39] *Ibid.*, p.163.

人名索引

B

布克哈特,雅各布(Burckhardt, Jacob)　10
布鲁诺,乔尔丹诺(Bruno, Giordano)　132

F

费尔德,范·德(Velde, Van de)　53
费希特,约翰·戈特利布(Fichte, Johann Gottlieb)　8
弗洛伊德,西格蒙特(Freud, Sigmund)　143,210

G

歌德,约翰·沃尔夫冈·冯(Goethe, Johann Wolfgang von)　9
格隆特维希(Grundtvig)　13

H

哈姆雷特(Hamlet)　123
黑格尔,格奥尔格·威廉·弗里德里希(Hegel, Geirg Wilhelm Friedrich)　7,
　　8,12,91
胡登,乌尔利希·冯(Hutten, Ulrich von)　5

J

加富尔(Cavour)　11

K

康德,伊曼努尔(Kant, Immanuel)　7,25,131,132

克尔凯郭尔,索伦·奥贝(Kierkegaard, Soren Aabye)　9,13,14,131,142,144,150,168,204

克伦威尔,奥利弗(Cromwell, Oliver)　6

L

拉特瑙(Rathenau)　13

兰克,利奥波德·冯(Ranke, Leopold von)　11

勒庞,古斯塔夫(le Bon, Gustave)　33,206

卢梭,让-雅克(Rousseau, Jean-Jacques)　5

M

莫扎特,沃尔夫冈·阿马德乌斯(Mozart, Wolfgang Amadeus)　123

N

尼布尔,莱因霍尔德(Niebuhr, Reinhold)　9

尼采,弗里德里希(Nietzsche, Friedrich)　9,14,118,131,142,144,150,204,214

P

皮斯卡托,埃尔温(Piscator, Erwin)　123

S

司汤达(Stendhal)　10

斯宾格勒,奥斯瓦尔德(Spengler, Oswald)　13

斯宾诺莎,巴鲁赫·德(Spinoza, Baruch de)　132

T

塔理朗(Talleyrand)　9

托克维尔,阿历克西·德(Tocqueville, Alexis de) 10,11

W

威尔逊(Wilson, Thomas Woodrow) 93

X

席勒,弗里德里希(Schiller, Friedrich) 12,18,91
修昔底德(Thukydides) 17

Y

伊壁鸠鲁学派的卢克莱修(Epikureers Lukrez) 19

事项索引

A

《安提戈涅》(*Antigone*) 107

B

悖论(Antinomie) 26,205

伯罗奔尼撒战争(peloponnesischen Krieg) 17

不存在的反讽(existenzlosen Ironie) 157

不信(Glaubenslosigkeit) 18,55,92,132,178,186

C

查拉图斯特拉信仰(Zarathustraglauben) 14

超越界、超越者(Transzendenz) 3,26,49,84,91,100,103,121,122,131,136,138,139,150,152,155,168,214,216,217

沉默无言的(wortlos) 161

处境(Situation) 1-4,14,19-24,26-28,30,33,64,76,80,82,84,85,89,90,92,93,99,129,139,154,165-167,185-189,192,193,199,202-206,211,212,217

存在照明(Existenzerhellung) 151,152,214

存在哲学(Existenzphilosophie) 28,139,140,142,146,149-152,199,202,203,205,211,214,215,217,218

D

打倒领导阶级(A bas les Chefs) 49

大自然的密码(die Chiffre der Natur) 172

《当下时代的特征》(Grundzüge des gegenwärtigen Zeitalters) 8

德意志观念论(deutschen Idealismus) 150

第二天性(zweite Natur) 94

对教养的敌视(Bildungsfeindlichkeit) 111

F

反叛的语言(die revoltierende Sprache) 67,68

非存有(Nichtseins) 164

非存有的生命(das Dasein des Nichtseins) 164

G

根本废除领导阶层(Herrschaft überhaupt abschaffen) 49

公众(Publikum) 5,33,42,63,206

《共产党宣言》(Das Kommunistische Manifest) 147

共通语言(Weltsprache) 43

诡辩者(der Sophist) 156,159

诡论(Paradoxie) 102

贵族政治(Aristokratie) 178,179

国家意识(Staatsbewußtsein) 63,78,79,83,92

J

基督奥体的无形教会(die unsichtbare Kirche eines corpus mysticum) 182

教养、教育(Bildung) 11,13,34,41,51-53,77-79,94-99,102,103,106-112,114,119,124,128,178,205,207,208

精神斗争(geistigen Kampfes) 141,210

K

科层体制(bureaucracy) 45

克伦威尔的铁骑军(Cromwell's Ironsides) 6

L

《理想的婚姻》(Die vollkommene Ehe) 53

理想主义的杂货铺(Ramsch in Idealismus) 93

理性态度(Rationalität) 15

临界境况(Grenzsituation) 55,138,139

M

没有真正人性(ohne eigentliche Menschlichkeit) 45

末日时期(Endzeit) 188

N

内在驱力(libido) 143

能够成为什么(was sein kann) 28

P

庞大生产机制(Riesenapparat) 44

Q

强迫性观念的心理病症(Zwangsneurose) 148

群众(Masse) 11,13,17,29-37,39,42,45,48-53,57-60,64,66-68,71,72,79,80,84,85,89,91-93,96-100,102,105-109,114-117,119,121,123,124,126,127,129,130,135,144,146,147,160-163,177-179,181-184,199,203,206-208,214

群众人(der Mensch der Masse) 34,108,179,182,183

群众属性(Masseneigenschaften) 117

R

人的本性(eine Humanitas) 115,140,209

人文的世界(Bildungswelt) 113

人文科学(Geisteswissenschaften) 124

人性的高贵(Adel des Menschen) 123,178,196

认知的对象(Gegenstand der Erkenntnis) 18,137,215

S

上层建筑(Überbau) 148

神(Gottheit) 1,3,6-8,12-14,16,18-25,27,28,30,33,37,41,50-53,55,58,60,63,64,68,71,72,74-76,79,80,82,85,87-89,92-96,98-103,105-108,111,113,114,116-120,125,127,129,132,133,135,144,145,147,148,154,155,157,160,161,163-165,167,175,177,178,182,183,186,187,189,193,197,199-210,212-214,217

神秘学(Okkultismus) 129

神智学(Theosophie) 129

升华(Sublimierung) 148

生活工具机器(Daseinsapparat) 36

生活知识(Lebenswissen) 115

生命的形式(Lebensform) 106

实用主义(Pragmatismus) 150

实在性(Sachlichkeit) 21,64,92,112,144,154,160,185

世界机器(Weltmaschinerie) 18

世界审判(Weltgericht) 91

世界是时间中可触知的实在(Welt als faktische Wirklichkeit in der Zeit) 15

世俗化(Säkularisierung) 5-7,9,20,37,130

是什么(was ist) 24,28,68,75,91,121,125,145,147,151,153,160,165,173,175,187,191,211,212,215,217

T

体面的人们彼此间没有信赖(keinen Trust der anständigen Leute) 180

通灵术(Hellsehen) 129

W

万物有灵论(Spiritualismus) 129

委婉的语言(Sprache der Verschleierung) 67

位格性(Persönlichkeit) 180

无(das Nichts) 1-4,6,8-15,17-26,28-36,39,41,42,44-49,51-79,81-102,105-110,112-127,130-133,135-143,145-147,149-171,173-177,180-183,185-190,192-197,201-204,206-208,210-218

无名力量(anonyme Mächte) 27,153,164,211,212

无名者(das Anonyme) 153,161,164,212

无名之物(Anonymität) 161

《物性论》(*De rerum natura*) 19

悟性(Verstand) 109

X

《西方的没落》(*Untergang des Abendlandes*) 13

《现时代的批判》(*Zur Kritik der Zeit*) 13

信仰治疗术(Gesundbeten) 128

虚无(nichts) 9,14,18,24,117,123,124,135,136,148,156,157,159,162,164,166,167,175,186,197,204,211

Y

遗世的境界(Weltlosigkeit) 15

印象派(Impressionismus) 121

勇于求知(sapere aude) 127

有文化素养(gebildet) 109

舆论(öffentliche Meinung) 33,49,93,195,206

Z

占星术(Astrologie) 128

真正的非有(das eigentliche Nichtsein) 153,212

智性(Intellektualität) 8,158

种概念(species) 183,216

主体性(Subjektivität) 139,151

专家的知识(Fachwissen) 93,115

自然与料(Naturgegebenheit) 145

自然主义(Naturalismus) 121

自我的主体性(die Subjektivität des Selbstseins) 15

自我认知(das Wissen von sich) 7,36,185

自性、自我存有(das Selbstsein) 28,151,163,195,197,212

自由的存有(das Sein der Freiheit) 145,146

译后记

  1985年,本书的中译本由笔者翻译完成,并在台湾地区出版。当时笔者任职于台北辅仁大学外语学院翻译中心,该中心由外语学院院长孙志文(Arnold Sprenger)教授主持,在他以及德国天主教圣言会的经费支持下,进行"当代德国思潮论丛"系列图书的翻译,并由台北联经公司出版。雅斯贝尔斯的《时代的精神处境》是该论丛中译系列的第13本,20世纪80年代属于台湾地区对西方的思潮求知若渴的年代,该系列丛书的出版,通过台湾《联合报》的宣传和报导,曾引起学界与文化界广泛的瞩目。因翻译这本书,笔者后来做博士论文也选择以雅斯贝尔斯的相关思想研究为题,并获得学位。甫毕业不久,便得到博导项退结教授的推荐,参与了傅伟勋与韦政通教授主编的"世界哲学家丛书"中《雅斯培》一书的撰写,该书于1992年由台北东大图书公司出版。

  雅斯贝尔斯的《时代的精神处境》中译本除了本人的译本外,分别有:周晓亮的译本——《现时代的人》(社会科学文献出版社1992年出版),该译本显然是从该书的英译本 *Man in the Modern Age* 移译过来的;复旦大学哲学学院王德峰教授的译本——《时代的精神状况》(上海译文出版社2003年出版)。从出版时间来看,本人的译本应是第一个中文译本。

  2019年7月31日,意外地接到一封北京外国语大学历史学院院长李雪涛教授的电邮，邀约笔者参加他主编的"雅斯贝尔斯著作集"翻译项目，将《时代的精神处境》一书重新修订再版。当时没有多想，毫不犹豫地答应了，主要是因为能够参与这套著作集的翻译计划，是一件与有荣焉之事。后续便由华东师范大学出版社朱华华老师与我联系，告知翻译稿件的相关要求与细节。为了缩短译稿修订的时间，委请出版社先将旧版中译本输入成为电子文档，出于自身工作的习惯，首先将出版社寄来的简体版文字稿转为繁体字稿，再逐页、逐段、逐句，对照德文原版，以及英译本比对检查，进行修订。

由于本书最初的中文译本翻译至今已经30多年，重新审视后发现原先的译文确实有许多值得再行斟酌与改进之处。在当初翻译时，虽曾部分参照德文本，但主要仍是以英译本为主移译，不少语汇和语句在英译本中与德文文本的文义已有若干出入，再从英文译成中文，造成双重失真。因此，这次修订针对原先中译本中文义不甚清晰的语词概念、语句以及段落，都重新审视并核对德文文本，再加以改正。另外，原先于本书中初次出现的专有名词、术语、人名等词汇，以括号附注英文，此次改为德文（原本是英文的人名或事项除外），移至人名索引和事项索引中。

中国近代启蒙思想家、翻译家严复曾经提到："译事三难：信、达、雅。求其信已大难矣，顾信矣不达，虽译犹不译也，则达尚焉。"其中所谓的"信"，就是翻译的文意必须忠于作者原意，不背离原文，译文要精确，不偏离，不删减，也不增添。可是对于哲学著作，问题常常是面对文本的深邃哲学思想，以及特定语词所表达的抽象概念意义，无法找到与之对应的恰当中文词汇来传达原意。譬如德文Bildung 一词，它包含了教育、教养、陶塑、文化等意涵，但是在整个段落文脉或语境之中,在只能择取其一的情况下,必然会因此而失真,也无法达到"信"的标准。在信的要求无法顾及的情况下,严复宁选择"达"的原则,达就是通达、文字与思想表达的通顺畅达,所译的文字能让人明白易懂,在顺序上竟然优先于忠于原意,虽有遗憾,却也是不得不然的次佳选择。最后,谈"雅"的原则,是指译文选用的中文词语要高雅得体,不粗俗,追求文句修辞的典雅,表现出文学的美感。翻译最高的境界当然是信、达、雅三者兼顾,但在无法兼顾之下,究竟以信为优先,或者宁以达为首,显然是见仁见智的问题了。

笔者将30多年前的译作重新修订,虽然累积了多年来教学、研究,以及在翻译工作上的历练,重新面对旧译作修订时,心态上仍然是战战兢兢,戒慎恐惧,态度无比严肃,毕竟面对的是哲学大师的作品,文本有一定的难度与深度。校译的过程中,修订了不少错谬之处,也尽量将词不达意的段落与词句对照德文文本重新改译。译者自知,这个修订后的校译本,离严复先生所云信达雅的理想标准,或许仍有相当的距离,而且其中如若仍有错谬、疏失或不足之处,尚祈方家不吝指正。

黄　藿

2020年6月22日

《雅斯贝尔斯著作集》(37卷)目录

1. 《普通心理病理学》
2. 《精神病理学研究》
3. 《史特林堡与梵高——对史特林堡及梵高的比较例证所做的病历志分析的尝试》
4. 《世界观的心理学》
5. 《哲学》(三册)
6. 《理性与生存》
7. 《生存哲学》
8. 《论悲剧》
9. 《论真理》
10. 《论历史的起源与目标》
11. 《哲学入门》
12. 《哲学学校》
13. 《哲学的信仰》
14. 《鉴于启示的哲学信仰》
15. 《哲学与世界》
16. 《大哲学家》
    a. 《孔子与老子》
    b. 《佛陀与龙树》
    c. 《康德》

17.《尼古拉·库萨》

18.《谢林》

19.《尼采》

20.《尼采与基督教》

21.《马克斯·韦伯》

22.《大学的理念》

23.《什么是教育》

24.《时代的精神处境》

25.《现代的理性与反理性》

26.《罪责问题——论德国的战争责任》

27.《原子弹与人类的未来》

28.《哲学自传》

29.《海德格尔札记》

30.《哲学的世界史》

31.《圣经的去神话化批判》

32.《命运与意志——自传作品》

33.《对根源的追问——哲学对话集》

34.《神的暗号》

35.《阿伦特与雅斯贝尔斯往复书简》

36.《海德格尔与雅斯贝尔斯往复书简》

37.《雅斯贝尔斯与妻书》